Über das Buch
Diese Einladung, Venedig zu besuchen, versieht Herbert Rosendorfer mit dem Appell: »Dringend«! Denn vielleicht ist es bald zu spät, diese Stadt, die längst zum Traum ihrer eigenen Schönheit und Vergangenheit geworden ist, noch zu erleben. Die chemiedurchsetzten Wasser der Lagune und die Korruption, die die Gelder zur Rettung versickern läßt, setzen Venedig zu.
Aber noch gibt es diese Stadt, die sich Stadtgründer auch in ihren kühnsten Visionen nicht hätten vorstellen können. Rosendorfer nimmt uns mit auf die verschlungenen Wege ihrer Entwicklung und Topographie und führt uns in die Einzigartigkeit ihrer Symbiose aus Natur, Geschichte und Reichtum ein. Er zeigt das Doppelgesicht Venedigs: die Unwirklichkeit dieser Stadt, die ihre Bedeutung schon vor 200 Jahren verloren hat, und die kunstgewordene Wirklichkeit ihrer Paläste, Kirchen und Museen. »Venedig sehen und sterben«, war das Motto früherer Venedig-Besucher. Rosendorfers Buch verwandelt es in die Mahnung: »Venedig sehen, bevor es stirbt«.

Der Autor
Herbert Rosendorfer, 1934 in Bozen geboren, 1939 mit den Eltern nach München umgezogen, studierte an der Akademie der Bildenden Künste, wechselte danach zum Jurastudium. Seit 1969 zahlreiche Romane und Erzählungen. Lebt als Amtsrichter in München.

Weitere Titel bei k&w:
Die Nacht der Amazonen, Roman, 1989. *Rom*, eine Einladung, KiWi 224, 1990. *Mitteilungen aus dem poetischen Chaos*, Römische Geschichten, 1991. *Die Goldenen Heiligen oder Columbus entdeckt Europa*, Roman, 1992.

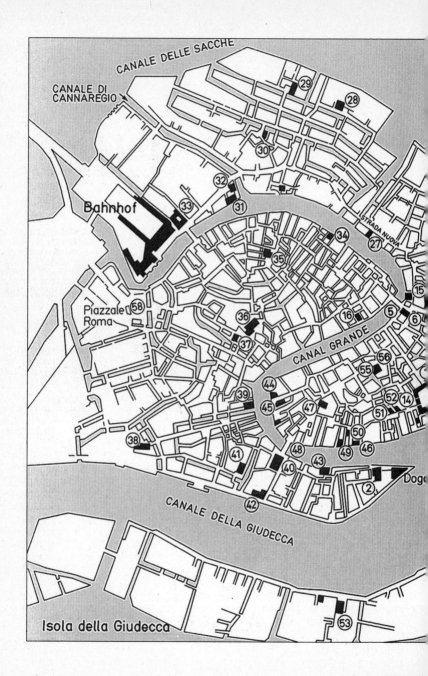

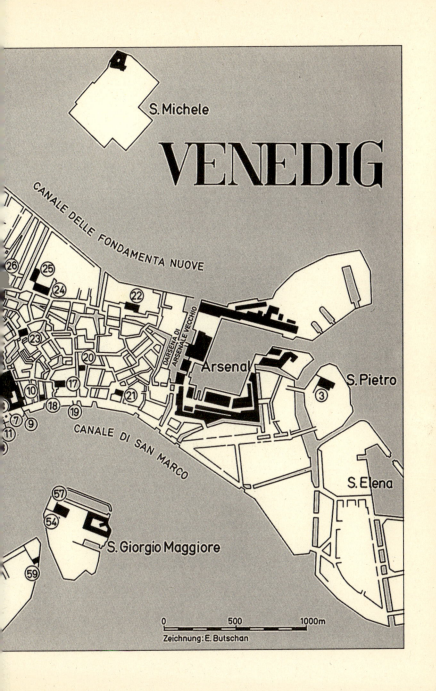

#	Name	#	Name
1	Caffè Quadri	31	S. Geremia
2	S. Maria della Salute	32	Palazzo Labia
3	S. Pietro di Castello	33	S. Maria di Nazareth (Scalzi)
4	Piazza S. Marco / S. Marco	34	Ca' Pesaro
5	Rialto	35	Campo S. Giacomo
6	S. Bartolomeo	36	S. Maria Gloriosa dei Frari
7	Piazzetta di S. Marco	37	Scuola di S. Rocco
8	Campanile	38	S. Sebastiano
9	Dogenpalast	39	Ca' Rezzonico
10	Seufzerbrücke	40	Accademia
11	Due Colonne	41	S. Trovaso
12	Caffè Florian	42	S. Maria del Rosario »Gesuati«
13	Caffè Lavena	43	Guggenheim-Museum
14	Civico Museo Correr	44	Palazzo Grassi
15	Fondaco dei Tedeschi	45	S. Samuele
16	S. Silvestro	46	Hotel Gritti (Palazzo Gritti)
17	S. Zaccaria	47	Campo S. Stefano / S. Stefano
18	Hotel Danieli-Excelsior	48	Accademia-Brücke
19	Riva degli Schiavoni	49	Palazzo Corner della Ca' Grande
20	S. Giorgio dei Greci	50	Hotel Bauer-Grünwald
21	Hotel Gabrielli-Sandwirth	51	S. Moisè
22	S. Francesco della Vigna	52	Harry's Bar
23	S. Maria Formosa	53	Il Redentore
24	S. Giovanni e Paolo	54	Fondazione Cini
25	Scuola di S. Marco	55	Campo Manin
26	S. Maria dei Miracoli	56	Palazzo Contarini del Bovolo
27	Ca' d'Oro	57	S. Giorgio Maggiore
28	Madonna dell 'Orto	58	Piazzale Roma
29	S. Alvise	59	Hotel Cipriani
30	Ghetto		

Herbert Rosendorfer

Venedig
Eine Einladung

Kiepenheuer & Witsch

KiWi 303

6. Auflage 1999

© 1993 by Verlag Kiepenheuer & Witsch, Köln
Alle Rechte vorbehalten. Kein Teil des Werkes
darf in irgendeiner Form (durch Fotografie, Mikrofilm
oder ein anderes Verfahren) ohne schriftliche
Genehmigung des Verlages reproduziert oder unter
Verwendung elektronischer Systeme verarbeitet,
vervielfältigt oder verbreitet werden.
Umschlag: Manfred Schulz, Köln
Umschlagfoto: Samuel Degen
Karte: Erwin Butschan, Hachenburg
Gesetzt aus der Garamond Stempel (Berthold)
bei Kalle Giese Grafik, Overath
Druck und Bindearbeiten: Clausen & Bosse, Leck
ISBN 3-462-02264-4

I

Es gibt Zeiten, da sind alle Touristen verflogen. Dennoch geht die Sonne unter, wie der Chef des Fremdenverkehrsamtes es gern sieht. Aber er schaut nicht hin; er sitzt wahrscheinlich im Caffè Quadri und denkt bei einem Arbeitsessen darüber nach, wie man die letzten Horrornachrichten am besten unter den Teppich kehren kann. Auch die vier, fünf Venezianer, die am Anlegesteg der Linie 5 an S. Giorgio Maggiore stehen, schauen nicht hin. Sie haben das ja jeden Tag. Der Canale della Giudecca plätschert schwarz gegen die Pfosten, die Silhouetten der Dogana und der Salute ragen wie ausgefeilt gegen einen Stahlhimmel, wie von Canaletto gemalt. Von oben senkt sich die Dämmerung, und hinten im Westen breitet sich ein Band von rotem Brokat quer über den Himmel. Es ist so schön, daß einem jedes Wort vergeht.

Aber alles täuscht. Venedig ist eine Inszenierung, ist immer eine Inszenierung gewesen, weswegen viele, die nicht genau genug nachdenken können, nur Flitter und Glitzerkram gesehen haben. Venedig ist eine Inszenierung, aber Venedig hat die Realität, das Leben inszeniert. Echt und falsch verschränkt sich in Venedig. Alles täuscht, vor allem täuscht die Täuschung, und eine vorgetäuschte Täuschung ist das Echte. Von einem der berühmtesten Venezianer gibt es eine – von ihm selber erzählte – Anekdote. Von Giacomo Casanova ist die Rede. Auf einer Gesellschaft in Paris wurde Casanova einem verarmten französischen Herzog vorgestellt, Ritter des Ordens vom Heiligen

Geist, dessen Ordenskleinod, das er am Rock trug, allerdings aus Straßsteinen und Blech war. Casanova schmückte sich gern mit einem erfundenen Orden, den er sich selber verliehen hatte. Das Kleinod an Casanovas Rock war aus Gold und Brillanten. »Sehen Sie«, sagte Casanova, »Ihr Orden, Monseigneur, ist echt, aber falsch. Meiner ist falsch, aber echt.«
Venedig kann es nicht geben, denn man kann keine Stadt ins Wasser bauen. Aber Venedig gibt es doch. Venedig ist das Trugbild der Realität, aber dadurch, daß die Täuschung echt wird, bringt Venedig die Wirklichkeit hervor. Venedig ist die Stadt als Ding an sich. Venedig ist die Stadt, die es gibt, weil es sie nicht gibt. Venedig war das, was die Welt als letzte Blüte der Schönheit hervorgebracht hat. Es ist nur folgerichtig, daß Venedig als erstes von unserer Welt zugrunde gehen wird. Diese Einladung nach Venedig kommt zu spät, denn Venedig wird nicht untergehen, Venedig ist schon untergegangen, man will es nur noch nicht wahrhaben, insbesondere der Fremdenverkehrsdirektor nicht, der immer noch im Caffè Quadri beim Arbeitsessen sitzt.

II

Gemessen an den anderen großen Städten Italiens ist Venedig jung. Die Städte der Toscana sind etruskische Gründungen, Mailand wurde schon im IV. Jahrhundert v. Chr. von den gewissen Insubrern erbaut, wer immer das war (und so sieht es auch heute noch aus), Neapel geht auf die alten Griechen zurück, die sizilianischen Städte sind noch älter, Gründungen vormenschlicher Giganten, wenn man den Legenden glauben darf, und Rom ist überhaupt so alt wie die Welt, weil es ja ihre Seele ist, nur Venedig ist jung. Früher zählten die Venezianer nach römischem Muster auch »a.u.c.« (ab urbe condita = seit Gründung der Stadt), aber das Jahr, das sie dafür ansetzten, war nicht 753 v.Chr. wie in Rom, sondern 421 *nach* Chr. Vorher war hier Sumpf, ins Meer ausgefranste Wiese, ein paar unbewohnte Inseln und die Lagune, wahrscheinlich alles in allem ein Paradies, dessen Geschichte allein in der Generationenabfolge von Seevögeln, Fischen und Ameisen bestand. Die Lagune, die sich mit dem hin- und herrollenden Sand ständig veränderte, hieß bei den Römern *Laguna Veneta*, weil weiter landeinwärts bis ans Gebirge der illyrische Volksstamm der Veneter *(Veneti)* saß.

Wer diese Veneti oder griechisch ἐνετοι (also: Henetoi) waren, weiß niemand. »Tief ist der Brunnen der Vergangenheit.« Die Veneti verlieren sich dort unten in undurchdringliche Schatten. Die alten Scriptoren haben die *Veneti* den Illyriern zugezählt. Wahrscheinlich, meine ich, waren diese Illyrier gar keine ethnisch einheitliche Gruppe. Für die Griechen war der Begriff Illyrier wohl eher ein Name für ein Sammelsurium von kleinen (und in ihren Augen halbwilden) Stämmen, die um die obere Adria herum wohnten. Von den *Henetoi* weiß man, daß sie eine eigene Sprache, sogar eine Schrift und eine gewisse Höhe der Zivilisation erreicht hatten und, ein hübscher Zug, zu fast ausschließlich weiblichen Gottheiten beteten.

Immer noch schwappte über das Röhricht der Lagune das brackige Wasser, noch jahrhundertelang, unberührt davon, daß das venetische Gebiet im III. Jahrhundert v.Chr. unter römische Herrschaft und zur Provinz Gallia cisalpina kam. Aquileja, die Adlerstadt, wurde 181 v.Chr. von den Römern als Castell gegründet und entwickelte sich zum Mittelpunkt des venetischen Landes. 42 v.Chr. kam – durch die neue Verwaltungseinteilung – Venetien an Italien und bildete mit Histrien die »zehnte Region«, Hauptstadt blieb Aquileja.

Es ist sicher, daß sich um diese Zeit oder wenig danach an der Lagune und auf manchen Inseln die inzwischen latinisierte Bevölkerung ansiedelte, woraus sich die Gemeinwesen entwickelten, die später Grado, Bibione, Caorle, Jesolo, Torcello, Murano, Malamocco, Heraclea heißen werden, und, das wird man sich merken müssen, hätte damals vielleicht ein Prophet sagen können: *Rivus altus – Rialto*. Die Übersetzung »Hoher Fluß« ist nicht richtig. *Altus* bedeutet im Lateinischen nicht (oder nicht nur) »hoch«, sondern: »von großem Niveauunterschied«. »Altus« ist auch ein tiefer, wohl auch ein breiter Fluß. Im übrigen gehörte das »Dorf« Rialto noch einige Jahrhunderte lang zu den unwichtigeren an und auf der venetischen Lagune.

Bei der Reichsteilung kam »Venetia et Histria« zum Westteil, und mit dem Sturm der germanischen Barbaren und der Hunnen, der das Ende des Weströmischen Reiches herbeiführte, beginnt zwar nicht die Geschichte, aber die eigentliche Vorgeschichte der Stadt Venedig. Insofern ist das legendäre Gründungsdatum: Mariae Verkündigung (also 25. März) 421 nicht ganz abwegig. Vor den Goten flohen sehr viele Bewohner des Festlandes auf die Inseln, wodurch die Einwohnerschaft und die Bedeutung der oben aufgeführten »Dörfer« wuchs. Die *Veneti* fühlten sich als Römer, waren ja auch römische Bürger, ihre Hauptstadt war das ferne Byzanz. Die Verbindung zu allen Landwegen war nun oft abgeschnitten. So orientierten sich die Ortschaften schon damals aufs Meer hinaus.

Ein religiöses Moment kam dazu. Es gab ja immer noch das Römische Reich, und der Kaiser in Byzanz, der de jure der Nachfolger des Augustus und dessen Ideal-Hauptstadt immer noch Rom war, postulierte selbstverständlich die Herrschaft über das ganze Mittelmeerreich. Die Ostgoten, deren Herrscher eigentlich nur *Volks*könige, nicht Könige über Italien und schon gar nicht über die römischen Bürger waren, betrachtete der Kaiser als einen lästigen, im eigenen Haus sich breitmachenden Barbarenverein. Zum Glück für Byzanz degenerierten die Ostgoten sofort nach des großen Theoderich Tod zu einem undisziplinierten Haufen von wasseräugigen Raufbolden, von dem die byzantinischen Feldleute Narses und Belisar Italien sehr rasch desinfizieren konnten. 554 war Italien wieder »römisch« oder – de facto – byzantinisch, aber nicht lange. 14 Jahre danach drang ein anderer germanischer Stamm nach Süden vor, ein Stamm, der weniger romantisch verklärt ist als die Goten, aber offenbar zäher und zielstrebiger war, was nicht wundert, wenn man sich vergegenwärtigt, daß er alemannischer Abkunft war: die Langobarden. Sie besetzten ganz Ober- und Mittelitalien und richteten sich für alle Zukunft alemannisch und häuslich ein, allerdings blieben nicht unbedeutende Reservate unter direkter byzantinischer Herrschaft: Rom,

Campanien, Sizilien und unter anderem Venetien, das von Ravenna aus von einem byzantinischen Statthalter regiert wurde. In Venetien war dieses Gebiet nur ein schmaler Küstenstreifen. Nun das erwähnte religiöse Moment: die Langobarden waren Arianer, die Bevölkerung in Venetien war orthodox. Der Arianismus war eine – in den Augen der heutigen Kirchen – irrige Lehre, die im IV. Jahrhundert entstand und auf einen alexandrinischen Priester Areios zurückging. Im Grunde genommen vertrat die arianische Theologie die wohl reinere christliche Lehre vom Einen Gott, also den strikten Monotheismus gegen den damals aufkommenden, bis heute nur schlecht verhüllten Polytheismus der Katholiken, die sich mit der nur sehr schwer und mit haarsträubenden Gedankenvolten zu begründenden Dreifaltigkeit eine neue olympische Göttertrias schufen. Der Zufall der Zeitläufte und die Laune des Weltgeistes verfügte, daß der wohl bessere Arianismus unterging und die Orthodoxie blieb.

Die arianischen Langobarden und ihre Priester schikanierten die Orthodoxen in Venetien, und so wanderten neuerlich ganze Schübe von Emigranten auf die Lagunen-Inseln aus. (Es ist oft zu lesen, daß sich die Landbewohner Venetiens wegen des Hunnensturms auf die Laguneninseln flüchteten, wo sie sicher waren, weil die Hunnen zwar entsetzlich schnelle Pferde, aber keine Schiffe besaßen. Das ist nur zum Teil richtig. Es stimmt, daß einer der ersten Schübe 452 beim Hunneneinfall erfolgte, aber eben nur einer und nicht der entscheidende.)

Einige der Inselgemeinden wurden so bedeutend, daß dort eigene Bistümer gegründet wurden (Caorle, Torcello, Heraclea, Malamocco und Jesolo – nicht Rialto!). Der Metropolit Venetiens, seit alter Zeit der Ober-Bischof von Aquileja, der, warum und mit welchem Recht, weiß man nicht, seit dem VI. Jahrhundert wie der Papst und die bedeutendsten Bischöfe des Ostens den Titel »Patriarch« führte, floh schon 568 von Aquileja auf die Inseln, nämlich nach Grado. Da die Arianer in Aquileja einen eigenen Patriarchen wählten, gab es nun zwei schismatische und rivalisierende Oberhirten, worauf später zurückzukommen sein wird.

In der Zeit der Herrschaft oder besser Statthalterschaft des Exarchen von Ravenna über die Ortschaften der Lagune verwalteten die einzelnen Gemeinwesen sog. Tribuni. Die spätere Stadtverfassung der aristokratischen Seerepublik Venedig kündigte sich hier schon an: die Tribuni wurden zwar gewählt, aber nur aus vornehmen »tribunizischen« Familien. Die Lagunen-Gemeinden Venetiens, die nun schon einen nicht unbeachtlichen politischen und wirtschaftlichen Faktor an der Adria bildeten, blieben nach dem Fall Ravennas der letzte Brückenkopf Byzanz' in Oberitalien. Die Langobarden hatten stetig die byzantinischen Restenklaven bestürmt und im Lauf von knapp 200 Jahren eine nach der anderen erobert. Venetien im Schutz der Lagune widerstand. Als es keinen Exarchen in Ravenna mehr gab, wurden die Ämter der Tribunen abgeschafft und statt dessen ein *Dux* (Herzog = venezianisch *Doge*) gewählt. Das war der Legende nach 617, wahrscheinlich aber frühestens 703. Der erste Doge, der über alle Lagunen-Gemeinwesen herrschte, Paulutius Anafestus, war Bürger Heracleas und residierte auch dort. Heraclea, ein Ort an der Festlandseite der Lagune, ist die einzige der »Mütter Venedigs«, die heute spurlos verschwunden ist. Die Abhängigkeit von oder die Zugehörigkeit zu Byzanz war noch so groß, daß die ersten Dogen immer um die Bestätigung ihrer Wahl beim byzantinischen Kaiser einkamen. Das änderte sich erst, als das zweite religiöse Moment zu wirken begann, dem Venedig seine Existenz verdankt: der Ikonoklasmus. In der Ostkirche war die gewaltige Bewegung des Bildersturms ausgebrochen. Wer heute noch die hemmungslos abergläubische Art der Heiligenverehrung in der Ostkirche beobachtet, versteht den Ikonoklasmus. Auf dem besonders engstirnigen Berg Athos ist eine Anbetung bemalten Holzes so vehement im Schwung, daß sie nur noch als Fetischismus bezeichnet werden kann. Es war wohl damals in der Ostkirche nicht anders, und das rief eine Opposition hervor, die, wie alle Extremismen, das Kind mit dem Bad ausschüttete. Zahllose wertvolle Kunstwerke wurden vernichtet, die frühchristliche Kultur des Orients ging unter.

Die venetischen Gemeinden aber blieben »ikonolatrisch« (bilderfreundlich). So ergab sich von allein eine weitere Loslösung von Byzanz. Venetien blieb somit der östlichste Punkt der katholischen Orthodoxie und westlichste der byzantinischen Zivilisation – ein Faszinosum, das heute noch im Bild Venedigs fortwirkt.

Der Doge glaubte (mit Recht) nun nicht mehr der Sanktion seines Amtes durch den östlichen Kaiser zu bedürfen. Die vereinigten Kommunen der Lagune waren praktisch ein selbständiger Staat, der sich gegen Langobarden und später gegen Franken, auch gegen weltliche Machtansprüche des Papstes erfolgreich zur Wehr setzen konnte. Dennoch zählte man – schon am Rialto – noch im X. Jahrhundert nach den Regierungsjahren des byzantinischen Kaisers.

Noch immer aber – zur Zeit der ersten Dogen – gab es kein Venedig. Der Regierungssitz wurde unter dem vierten Dogen Deusdedit (oder Teodato) »Hypatos« von Heraclea in das sicherere Malamocco verlegt, das auf der Hälfte der Lido-Insel liegt. (Heute ein unbedeutendes Dorf, nachdem eine Springflut die Stadt vernichtet hat.) Eifersucht und Streitereien, förmlich ein Krieg zwischen Jesolo und Malamocco, veranlaßten viele Bewohner dieser Orte, auf die offenbar ruhigere Inselgruppe am Rialto zu fliehen, so daß die Notwendigkeit erwuchs, nun auch für dieses Gemeinwesen ein eigenes Bistum einzurichten: so entstand 774 auf der Insel Olivolo, der Rialto-Insel benachbart, das Bistum, das später das Patriarchat Venedig werden sollte. Die Insel Olivolo gibt es heute noch, sie heißt jetzt *Castello*, und dort, wo die barocke Kathedrale S. Pietro in Castello steht – wo sich kaum ein Tourist hinverirrt –, erstand die erste venezianische Bischofskirche.

Es dauerte nicht mehr lange, dann überflügelte die Rialto-Commune alle anderen Lagunengemeinden, und 814 verlegte der zehnte Doge Angelo Participazio den Regierungssitz von Malamocco nach Rialto. *Venezia* war damit geboren, welcher Ausdruck wohl erlaubt ist: Venezia Anadyomene, die griechische Göttin, die Aphrodite unter den Städten, schaumgeboren.

Sie wird leider wieder in den giftigen Schaum versinken, der überall gegen die Molen und Fundamente gespült wird. Noch vor einigen Jahrzehnten hat man melancholisch davon geschwärmt, daß Venedig in Schönheit untergehen wird. Nichts da. Es geht im Sumpf der politischen Korruption und im Dreck der Chemie unter.

III

Die Insel Rialto gibt es noch, aber sie fällt nicht mehr auf, und da sie seit tausend Jahren kein Mensch mehr so nennt, heißt sie auch nicht mehr so, gibt es sie sozusagen nicht mehr, obwohl sie sich dort hinzieht, wo die Brücke, die sich heute mit dem Namen Rialto verbindet, steht, und zwar auf der linken Seite des Canal Grande. Was ist die linke Seite des Canal Grande? Vorweg etwas anderes: die Kanäle in Venedig heißen in den wenigsten Fällen Canale (Mehrzahl: Canali), meistens heißen sie Rio (Mehrzahl: Rii). »Canale« heißt das breite Wasser, das die eigentliche Stadt von der Giudecca trennt: Canale di Giudecca, oder der etwas abseits, gegen das Ghetto hin fließende Canale di Cannaregio. Sie schreiben sich: Canal*e*, mit e. Der Canal Grande schreibt sich ohne e: Can*al* Grande. Warum das so ist, weiß kein Mensch, genausowenig wie man weiß, wie der eher sumerische Begriff *Veneti* oder *Lagune Veneti* zum Namen *Venezia* für das wurde, was viele hundert Jahre später Victor Hugo eine »Symphonie aus Stein« genannt hat.

Der Canal Grande hat in der Tat eine linke und eine rechte Seite, denn er fließt, und er fließt natürlich der Lagune und dem Meer zu. Wer eine Karte der Lagune, einen größeren Stadtplan also, genauer anschaut, sieht es: der Canal Grande ist quasi eine Fortsetzung eines der Brenta-Arme, die bei Mestre aus dem Land treten, fließt unsichtbar von Mestre durchs Lagunenwasser, floß zwischen den Inseln, die er bildete, hindurch und dann wieder durch die Lagune, um bei S. Nicola endgültig in die Adria zu münden.

Wenn heute auch andere Plätze, vor allem natürlich der von S. Marco, zentrale Bedeutung haben, so stehen wir doch hier auf der Rialtobrücke dem Herzen Venedigs am nächsten – oder, prosaischer ausgedrückt: dem Nabel. Es wurde oben schon erzählt, daß die Bevölkerung der Rialto-Insel (was die Zahl betrifft) im Lauf der ersten Jahrhunderte anschwoll, die Siedlung dort, wo die Stufen der Brücke heute gegen S. Bartolomeo hinunterführen, die anderen Lagunen-Gemeinden an Bedeutung zu überflügeln begann. Als der fränkische König Karl der Große am 25. Dezember 800 in Rom die Kaiserkrone empfangen hatte und vehement daranging, das dazugehörige Kaiserreich wieder aufzurichten, wollte er auch vor der lästigen byzantinischen Enklave an der Lagune nicht haltmachen. Die Franken eroberten 811 fast die ganze Lagune, sogar den Lido mit dem Regierungssitz des Dogen, Malamocco. Nur die Inseln Rialto, Olivolo und die kleineren drum herum konnten die Franken nicht erstürmen. Deswegen verlegte der Doge seinen Sitz hierher. Im Jahr darauf, 812, tauschte Karl der Große »Venedig«, das noch nicht so hieß, an Byzanz gegen die dortige Anerkennung seiner westlichen Kaiserwürde. Den Rialto betrat kein feindlicher Fremder mehr: fast tausend Jahre lang. Erst Napoleons spitzer Stiefel stieß die morsch gewordene Republik von der Landkarte.

Es dürfte so gewesen sein, daß zunächst natürlich der feste Grund der Inseln mit Häusern bebaut wurde. Dann reichte der Grund nicht mehr aus, und man baute immer weiter an den Rand. Zuletzt war nur mehr Platz für ein halbes Haus, für die andere Hälfte rammte man einige Eichenpfähle ins seichte Wasser. Die Lagune ist meistenteils lediglich knietief. Man kann nur deswegen nicht zu Fuß von drüben nach Venedig, weil der

Lagunengrund sumpfig ist und immer wieder Tiefen sich öffnen, die – zum Beispiel – Karls fränkische Horden verschluckt hätten. Der Schritt dann weiter für den nächsten Bauherrn war bald getan: an das halb erdfeste Haus seines künftigen Nachbarn *ganz* ins Wasser zu bauen. So entstand Venedig, sozusagen mit einem Ellbogen auf die heute unkennbaren Inselchen gestützt, im übrigen über dem Wasser schwebend. Es geht, denn die Eichenstämme verfaulen im Wasser nicht, im Gegenteil, sie werden hart wie Stahl.

Einer der vielen Baulegenden folgend entstand die allererste Rialtobrücke etwa gleichzeitig mit den beiden Säulen am Marcus-Platz oder, besser gesagt: mit deren Aufrichtung.

Wer Venedig verstehen will, muß sich an Abschweifungen und Umwege gewöhnen: so wie kein gerader Weg von S. Marco zum Bahnhof führt, so gewunden sind die historischen Zusammenhänge. Um vom Rialto zu reden, müssen wir uns also jetzt auf den Marcus-Platz stellen – nein: nur nach vorn gehen, an die sog. Piazzetta, wo sich der Blick nach S. Giorgio Maggiore hinüber öffnet, aber unser Blick gilt vorerst nur den beiden Säulen hier: es sind die größten Säulen in Venedig. Wenn der Campanile daneben nicht wäre, würden sie wie Türme wirken. Dann gehen wir ins Caffè Florian oder gegenüber ins Caffè Quadri (Richard Wagners Stammcafé) und reflektieren über die gewundenen Zusammenhänge.

Die beiden Säulen hatten einen praktischen und einen symbolischen Zweck: sehr schwere Schiffe konnten hier angebunden werden, und außerdem galten die Säulen als Zeichen der Herrschaft und der Gerichtshoheit über die Inseln, die Lagune und möglichst über Land und Meer. Die zwei Säulen sind Monolithe aus rötlich-beigem Granit. Sie sind wohl sicher antiker Herkunft, angeblich Anfang des XII. Jahrhunderts aus dem Orient nach Venedig verschifft. Es seien, sagt die Legende, ursprüng-

lich drei gewesen. Eine sei beim Ausladen ins Wasser gefallen. Dort liege sie noch heute. Die zwei anderen seien für die Ausgestaltung der damals im Bau befindlichen (zweiten) Marcus-Kirche bestimmt gewesen, hätten sich aber als zu groß herausgestellt. Nachdem schon das Ausladen so ungeheuer schwierig gewesen sei, sei an ein weiteres Aufstellen erst gar nicht zu denken gewesen. Fünfzig Jahre seien die Säulen störend herumgelegen, erst dann habe es ein genialer Baumeister namens Nicolò Barattini geschafft, die Säulen in ihre angemessene senkrechte Lage zu versetzen. Die linke – zum Dogenpalast hin – wurde mit dem Marcus-Löwen bekrönt, die rechte mit der Statue des hl. Theodor. Auch diese beiden Skulpturen sind »Spolien«, wiederverwendete Kunstwerke: Monumental-Recycling. Der hl. Theodor ist eine Marmorstatue aus hadrianischer Zeit und stellte wahrscheinlich den König Mithradates VI., Eupator von Pontus, dar. Die christlichen Symbole und der Heiligenschein wurden dem wilden Sultan des hellenistischen Orients erst im XII. Jahrhundert beigegeben. Die andere Skulptur, der Löwe, dem die Flügel und das Buch ebenfalls erst zu dieser Zeit angefügt wurden, ist völlig rätselhafter Herkunft. Man vermutete eine etruskische Chimäre in ihr oder eine sassanidische Arbeit, in jüngster Zeit wird sogar chinesischer Ursprung diskutiert.
Mit dem hl. Theodor hat es seine eigene Bewandtnis. Der Drache, der ihm unterschoben ist (in Wirklichkeit eher ein Krokodil), weist auf den hl. Georg, und in der Tat gilt er in der Ostkirche als Bruder des Drachentöters. Eine Vermengung seiner Identität mit der eines anderen Heiligen gleichen Namens (Theodoros Teron) führte zu einiger Verwirrung, hinderte aber nicht an der Verbreitung des Kults des ritterlichen Heiligen. Betrachtete man ihn zunächst als einfachen Soldat und Märtyrer, so avancierte er in späteren Heiligenlegenden zum General, und seit unvordenklichen Zeiten galt der hl. General Theodor

als Schutzpatron der Lagunen-Gemeinden. Er leistet, wie man gesehen hat, gute Arbeit.

Da kam das Jahr 828. Der Seehandel Venedigs florierte bereits. Der Ernst des Geschäfts ruhte tief in den Herzen der Kaufleute. Sie kannten weder Freunde noch Feinde, weder Christen noch Heiden, sie kannten nur zwei Arten von Mitmenschen: solche, die zahlen können, und solche, die es nicht können. Ägypten war zu der Zeit längst mohammedanisch, und den Christen in der alten Hauptstadt Alexandria ging es nicht gut. Die Venezianer handelten aber lieber mit den ungläubigen und reicheren heidnischen Teufelsbraten, und bei der Gelegenheit erfuhren sie, daß die Mönche des Marcus-Klosters in Alexandrien auf dem letzten Loch pfiffen. Der Evangelist Marcus, wohl eine historische, wenngleich dokumentarisch schwer faßbare Persönlichkeit, galt damals schon lange Zeit als Gründer des Bistums Alexandria und dessen erster Patriarch. Die Mönche des erwähnten Klosters verwahrten ein Skelett, das sie entweder selber für die Reliquie des hl. Marcus hielten oder dies den venezianischen Kaufleuten weismachten. Bei aller knallharten Handelsgesinnung sind Kaufleute oft auch abergläubisch, eine seltsame Kompensation. So auch jene Venezianer. Sie kauften die heiligen Knochen, drückten allerdings – in besserer Verhandlungsposition – den Preis brutal auf nur 50 Zechinen herunter. Der heutige Kaufwert ist schwer zu errechnen, aber in Rom zu jener Zeit hätte man für 50 Zechinen vom Papst allerhöchstens einen Stockzahn des hl. Parvulus bekommen.

Die Venezianer schmuggelten den Heiligen durch die Zollkontrolle, indem sie ihn unten in einen Korb legten und Schweinespeck drauf, den die mohammedanischen Beamten nicht anrühren mochten. So kam der Heilige nach Venedig. Der hl. Evangelist Marcus ist natürlich eine ganz andere Nummer in der himmlischen Hierarchie als irgendein ohnedies etwas ob-

skurer Theodor. Erste Klasse gleich hinter den Aposteln. Die Venezianer ließen also ihren Theodor fallen wie die sprichwörtliche heiße Kartoffel, erbauten dem hl. Marcus eine (kleine) Kirche, in deren einer Säule sie diebstahlsicher die Gebeine einmauerten, und ernannten ihn zum neuen Talisman der Stadt. Der Theodor hatte das Nachsehen; aber ganz wohl war den Venezianern dabei offenbar doch nicht, denn wer weiß, wie sich so ein zurückgestufter Schutzheiliger rächt. Also errichteten sie ihm wenigstens diese Säule.
Ob er seine Hand im Spiel hatte, als am 14. Juli 1902 der benachbarte Campanile einstürzte? Ohne Vorwarnung? In sich zusammenstaubte wie abgesägt? Dabei ging das so vor sich, daß keinem Menschen auch nur ein Haar gekrümmt wurde. (In manchen Publikationen über Venedig sieht man Momentaufnahmen vom Zusammensturz; angeblich hatte ein früher Photograph – vom hl. Theodor inspiriert? – eben seine Kamera auf den Turm gerichtet und abgedrückt, als er einstürzte. Die Bilder sind eine Fälschung. Echt sind allerdings die Photographien, die einen Trümmerhaufen zeigen, der die ganze Piazzetta bedeckt.)
Oder hat der Heilige, ohne Groll auf den erfolgreicheren Marcus, viel heiligmäßiger reagiert, obwohl General von Beruf, und der Einsturz des Campanile war eine *Warnung*? Neunzig Jahre sind vergangen. Die Warnung dringt nicht bis in »Harry's New York Bar« etwas weiter hinter dem bald neu aufgebauten Campanile, dort, wo Hemingway gern saß und wo jetzt – könnte sein – der Fremdenverkehrsdirektor sein Arbeitsessen durch einen Arbeitscocktail abrundet.
Oder ist es eine noch viel subtilere Rache des Heiligen, daß er die Warnung überhören läßt ...?
Aber wahrscheinlich ginge Venedig auch unter, wenn es eine Theodor- und nicht eine Marcus-Republik wäre. Übrigens

verschränken sich in seiner krokodilochtonen Figur dort oben auf der Säule die Gegenstände auf das seltsamste: wie erwähnt, ist die Figur wahrscheinlich eine Statue des Königs Mithradatis (oder Mithradates) von Pontus, und – was die alten Venezianer sicher nicht gewußt haben – der Kult des hl. Theodor geht auf den des phrygisch-pontischen Reitergottes Men-Pharnabos zurück, womit wir uns wieder dem Rialto zuwenden.

IV

Unter den Hunderten von Brücken Venedigs sind zwei jedem Touristen geläufig: die vergitterte Seufzer-Brücke, die vom Dogenpalast hoch oben zu den Bleikammern führt, und die Rialto-Brücke. Der gleiche legendäre Baumeister, der die beiden großen Säulen auf der Piazzetta aufzurichten verstanden hat oder haben soll, Nicolò Barrattini, gilt auch als Erbauer der ersten Rialto-Brücke, einer Schiffsbrücke, die im XIII. Jahrhundert durch eine festere, hölzerne Konstruktion ersetzt wurde. 1444 fand auf dem Canal Grande eine Schiffsparade anläßlich des Besuches der Markgräfin von Ferrara statt. Unter dem Gewicht des Publikums brach die morsche Brücke. Da Venezianer wie alle See- und Meeranwohner nicht schwimmen können, ertranken einige hundert Leute. Die Brücke wurde wieder aufgebaut, aber 1501 beschloß der Rat, sie – bis ins XIX. Jahrhundert die einzige über den Canal Grande – in Stein erneuern zu lassen. Ein venetianischer Planungsvorgang begann. Nach jahrzehntelangem Tauziehen um das Projekt, in dessen Verlauf Andrea Palladio und angeblich sogar Michelangelo um Entwürfe gebeten wurden, erbauten Antonio Da Ponte und Antonio Contino 1588–91 die neue Brücke, so wie sie heute noch steht. Es ist zu vermuten, daß die Pläne Venedigs in unserem Jahrhundert, die nichts weniger als die Rettung der ganzen Stadt betreffen, mehr als siebenundachtzig Jahre hin- und hergezerrt werden. Bis dahin wird Venedig untergegangen sein. Übrig bleibt dann außer mehreren Bibliotheken tiefer, seichter, wissenschaftlicher, romantischer, schwärmerischer und kritischer Bücher (von Millard Maiss »Sleep in Venice« über den Reclam-Kunstführer von Erich Hubala bis Alfred Andersch »Die Rote«) dieses Büchlein hier, das vielleicht, um einen Epilog »Exitium« angereichert, in »Venedig. Eine Erinnerung« umzubenennen ist.

Um den Canal Grande auch für größere Boote schiffbar zu halten, wurde die so kühne wie elegante Form einer Brücke mit einem und zwar hohem Bogen gewählt. Die Läden wurden aus Gründen der Steuereinnahmen gebaut. Nur die Scheitelhöhe sollte, so forderte es die Bauvorschreibung von 1587, frei bleiben »acciò che si posser quardar el canal« (venezianisch, auf deutsch: »damit man den Kanal sehen kann«).

Es ist eine schöne Brücke. Sie hebt einen heraus, sie verbindet auch. Wenn man auf dem Scheitel steht, fühlt man sich fast turmhoch über dem Wasser und dem Gewühl. In den frühen Morgenstunden der Werktage legen mit viel Geschrei der Bootsleute und der Marktweiber die Lastkähne an, beladen mit Kürbissen oder Krebsen, mit Blumen, Mehlsäcken oder Würsten – salatgrün, krabbenrot, fischsilbrig, ein buntes Bild und keine Touristenattraktion, sondern sozusagen *echt*. Venezianer kaufen hier. (Es gibt Venezianer, nicht nur Portiers und Zimmermädchen. Es gibt sogar, dem Vernehmen nach, noch jene alten Damen in schwarzer Seide, die in den abbröckelnden, manchmal noch privaten Palazzi wohnen und hinter halbverschlossenen, staubrosa Gardinen Tee aus Tassen des XVII. Jahrhunderts trinken – und sogar noch Mocenigo oder Vendramin heißen.) Auf der Westseite, zum Sestriere S. Polo hin (der andere Brückenkopf liegt im Sestriere S. Marco), erstreckt sich der Markt am Ufer des Kanals und durch die angrenzenden Gassen, schwappt die steilen Stufen der Rialto-Brücke hinauf, wo allerdings statt Radicchio Juwelen feilgeboten werden.

Nach Norden geht rechts der Blick hinaus auf das große Haus der Fondaco dei Tedeschi, den uralten Handelshof der deutschen Kaufleute. Heute ist dort die Hauptpost. Wenn man einen Brief aufgibt, kann man den feierlichen Lichthof besehen.
In den stillen Abendstunden, namentlich zu den seltenen Zeiten, zu denen Venedig frei von Fremden ist (im Januar etwa, oder nach Allerheiligen), kann es sein, daß der Canal Grande ganz still liegt und der Nebel zieht. Ein melancholisch leerer Motoscafo der Linie »1« gleitet sinnlos, aber fahrplangerecht an die Haltestelle »Rialto« unterhalb der Brücke – niemand steigt aus, niemand steigt ein. Steht dann nicht vielleicht eine dunkle Gestalt in einem Radmantel an dem Pfeiler? Wer von den Geistern einer unbeschreiblich glänzenden Vergangenheit betrauert den Verfall der Serenissima? Aber es ist nur ein verspäteter Rucksacktourist, einer von denen, die die Stadtverwaltung eigentlich nicht hier haben will – mit einem gewissen Recht, muß man sagen. Schon allein, wie ihre Turnschuhe stinken.
Wir wenden uns ab und steigen die steilen Straßen in die umbrabraune Nacht zwischen den schwarzen Häusern hinunter. Wenig weiter vorn ist die Straße beleuchtet und auch beschriftet: »S. Marco«. Der Marcus-Platz ist viel näher, als man meint, denn man schneidet ja die ganze Kurve des Canal Grande ab. Und dann ist im Caffè Quadri noch Licht. Auch hier ist es still, nur die Kellner klappern ein wenig mit den Tassen, und in der Ecke sitzen ein paar Herren in Anzügen, für Erzengel nicht zu schade, und tuscheln. Wahrscheinlich verhandeln sie, wohin die nächsten Zahlungen für die Rettung Venedigs verschoben werden sollen. Früher hätte man in jenen schrecklichen steinernen Briefkasten im Dogenpalast mit der Aufschrift »Denuntie secrete« einen Hinweis auf diese Herren eingeworfen, und sie hätten dann vielleicht den Gang über die Seufzerbrücke angetreten ... die Signoria, die Regierung Vene-

digs, hat nicht mit sich spaßen lassen, wenn es um Geld für das Wohl Venedigs gegangen ist.

Die Seufzerbrücke wurde übrigens von dem gleichen Antonio Da Ponte erbaut, dem die Rialto-Brücke zu verdanken ist. Aber nicht deswegen hieß er »Da Ponte« (»Von der Brücke«). Die Da Ponte waren ein altes Patriziergeschlecht, allerdings keins der ganz alten, wie die Memmo oder Contarini, aber immerhin haben sie einen Dogen gestellt: Nicolò Da Ponte (1578–1585). Der berühmteste Da Ponte gehört allerdings nur sozusagen adoptivisch zur Familie: Mozarts genialer Librettist und wohl einer der geistvollsten italienischen Schriftsteller, Lorenzo Da Ponte, der die Gebrauchsform des Opernlibretto mit seinen Arbeiten zur literarischen Kunst erhob. Dieser heute berühmteste Da Ponte stammte aus einer jüdischen Familie von der Terra Ferma (dem venezianischen Festland) und hieß Emanuele Conegliano, erhielt, als die ganze Familie getauft wurde, nicht nur den Vor-, sondern auch den Familiennamen des taufenden Bischofs, der allerdings ein Mitglied der alten Patrizierfamilie war.

V

Venedig und die Kirche und Venedig und die Kirchen sind ein weites Feld, um zu erzählen. Der eben erwähnte Bischof Da Ponte war nicht Bischof von Venedig, sondern Bischof des eher unbedeutenden Ortes Céneda, der heute die eine Hälfte der Stadt Vittorio Veneto ausmacht. Venedig festigte im Lauf der Jahrhunderte nach dem letzten gefährlichen Existenzkampf gegen Karl den Großen nicht nur die Herrschaft übers Meer, es schaffte sich zur politischen, strategischen und nicht zuletzt ökonomischen Absicherung einen Herrschaftsbereich im friaulischen und venetischen Hinterland, der weit über den schmalen Gürtel hinausging, mit dem die alten Lagunengemeinden umgeben waren. Dieses Hinterland, die Terra ferma, reichte bis ans Tiroler Gebirge und westlich weit über den Gardasee hinaus. Schon im XV. Jahrhundert waren Bergamo, Verona und Treviso venezianische Städte. Kolonien zogen sich längs der dalmatinischen Küste bis Griechenland hin; Korfu und Kreta, seit 1481 sogar Cypern, waren venezianischer Besitz.

Den Päpsten war Venedig oft ein Dorn im Auge, nicht nur in politischer Konkurrenz um die Vorherrschaft in Italien. Die Herren Venedigs, die Dogen, die Senatoren und Ratsherren waren Kaufleute. Kaufleuten ist nur eins wirklich wichtig: der Profit. Als es an die Kreuzzüge ging, ergriff die Venezianer nicht nur die allgemeine Begeisterung der übrigen Christenheit nicht, sie hatten sogar höchste Bedenken: der Handel mit den »Ungläubigen« könnte gefährdet werden. Erst als durch Truppentransporte und Handelsprivilegien in den zu erobernden neuen Reichen in Palästina noch mehr Gewinn winkte, schlossen sich die Kaufherren an, zeigten verhaltene Glut für die Befreiung des Erlösergrabes, nicht ohne sich heimlich beim Sultan zu entschuldigen.

Die wahre innere Flamme aber ergriff Venedig erst, als es dem Dogen Enrico Dandolo im vierten Kreuzzug (1204) gelang, die Kreuzzugsidee etwas umzulenken: statt die Heiligen Stätten von den Muselmanen befreite das Kreuzfahrerheer unter venezianischer Führung die christliche Stadt Konstantinopel von ihrem christlichen Kaiser. Beinahe wäre das ganze byzantinische Reich damals venezianische Kolonie geworden. Aber der Bissen war zu groß. Das Unternehmen mißlang. Das venezianische Marionettenreich (»Lateinisches Kaiserreich«) brach nach knapp sechzig Jahren zusammen, und dreißig Jahre später war die ganze Kreuzzugsunternehmung gescheitert. Aber Venedig rettete aus dem Bankrott für sich Privilegien, Handelsvorteile und vor allem Gewinne, die den Schmerz um den Verlust des Grabes Christi etwas linderten.

Die Gesinnung der Venezianer, daß sie eben – leider, leider – nicht umhinkonnten, ab und zu den Ungläubigen etwas zu verkaufen, sofern diese bar bezahlten, entging natürlich dem Papst nicht, und so galt Venedig der Kurie durch die ganzen Jahrhunderte immer als unsicherer Kantonist. Die Gesinnung in Venedig war stets liberaler. Mancher, der wegen aufmüpfiger Reden aus dem Kirchenstaat fliehen mußte und sich nicht geradewegs in das heidnische und vor allem kalte Lutheranereuropa in Sicherheit bringen wollte, fand in Venedig Unterschlupf. Und in Venedig wurden viele Bücher gedruckt – eine dem Heiligen Offizium auch heute noch suspekte Sache: eigentlich sind ja nur Analphabeten gute Katholiken. All das gefiel den Päpsten nicht. Aber nun wollten die Venezianer natürlich auch nicht direkt als kaltblütige Libertiner dastehen – schließlich mußte man ja auch mit Christen Handel treiben. Außerdem sind Kaufleute, wie erwähnt, immer abergläubisch. Die nur esoterisch zu verstehenden Vorgänge an Börsen bringen das mit sich. So gaben sich – mit Bitte um Verständnis beim Sultan und beim Kalifen und dem Kaiser von China – die Kaufherren, sofern es anging, als besonders christlich. Auch das ist mit Gold leichter zu bewerkstelligen.

Marianne Langewiesche zählt in ihrem Buch »Venedig. Geschichte und Kunst« (einem der schönsten deutschen Sachbücher über die Serenissima) die bedeutenden Reliquien auf, die die Venezianer im Lauf der Jahrhunderte zusammenkauften: Vom Gesamt-Marcus war schon die Rede. Dessen Skelett wurde sozusagen zum Firmen-Logo der Lagunenkönigin. Vom hl. Theodor, dem abgesetzten Stadtpatron, den ganzen, von Johannes dem Täufer den halben Schädel, einige Heilige niedrigeren Ranges wiederum in toto: Isidor, Nikolaus von Mira, Rochus, Donatus und Pacificus; dann, sage und schreibe, einen Tropfen Erlöserblut, vier Säulen vom salomonischen Tempel, den Stein vom Berg Tabor, auf dem Jesus gesessen ist, bevor er zum Himmel auffuhr, ein Stück von der Geißelungssäule, ein Stück vom Kreuz Christi. (Man hat einmal zusammengerechnet, wieviel Stücke vom Kreuz Christi aufbewahrt und verehrt werden: es sind so viele, daß daraus mehrere der schon im IX. Jahrhundert gefürchteten, außerordentlich seetüchtigen Schlachtschiffe zusammengefügt werden könnten – die mit 150 Mann besetzten zweistöckigen Ruderschiffe, die die Griechen »Chelandria« und danach die alten Venezianer »Salandria« nannten.)

Ganz sicher bin ich mir nicht, aber ich glaube, in Venedig werden auch die zwei Schädel des hl. Christopheros aufbewahrt: der eine aus seiner Jugend und der andere aus erwachsener Zeit,

ein Trompeten-Mundstück von Jericho und eine der vierzehn *anerkannt* echten Vorhäute Christi. (Die auch echten, nur nicht anerkannten Vorhäute sind gar nicht zu zählen.)
Und dann verdankt Venedig dieser Gesinnung eine Reihe von Kirchen, die nicht genug zu loben sind. In den stillen Nächten, in denen nur die Brandung, die gegen die Mole schlägt, zu hören ist, das dumpfe Schlagen der Gondeln gegeneinander, und im Dunstschleier S. Giorgio Maggiore wie im Märchenbild drüben jenseits des Wassers aufragt, kann man an die oben erwähnten Säulen treten (aber nicht dazwischen durchgehen! das bringt Unglück, denn hier war der Hinrichtungsplatz) und, so wahr ich hier sitze, in solchen Stunden den hl. Theodor mit dem Marcus-Löwen darüber disputieren hören, welche der vielen schönen Kirchen Venedigs die schönste ist, und warum. Selbst die beiden sind noch zu keinem Ergebnis gelangt.
Auch und gerade die Kirchengeschichte Venedigs ist kompliziert, was dem Papst keine reine Freude gemacht hat. Es wurde oben schon erwähnt, daß im frühen Mittelalter eine Reihe von kleinen Bistümern in den Lagunen-Gemeinden entstanden war, ganz zuletzt das Bistum für die Inselgruppe Rialto auf der Insel Olivolo, heute die Insel Castello. Der Oberbischof mit dem Titel Patriarch residierte in Aquileja. Im Arianerstreit kam es dann dazu, daß der orthodoxe Patriarch nach Grado floh, und da die (arianischen) Festlandsbischöfe in Aquileja einen neuen Patriarchen wählten, gab es also plötzlich deren zwei, und dabei blieb es auch, als der Patriarch von (Alt-)Aquileja, der inzwischen seinen Sitz in Cividale hatte, zur Orthodoxie zurückkehrte. Darauf entbrannte ein jahrhundertelanger Streit zwischen den Patriarchen über den Vorrang und überhaupt die Berechtigung. 1180 kam es zu einem Kompromiß: beide Patriarchate blieben bestehen, dem von Aquileja (das 1238 von Cividale nach Udine übersiedelte) wurden die Bistümer auf dem

Festland und in Istrien unterstellt, dem von Grado (Nova-Aquileja) die Insel- und Lagunenbistümer. Zu der Zeit war der Patriarch von Grado schon längst zum Rialto, also nach Venedig, übergesiedelt, wo er in der Nähe von S. Silvestro (auf der rechten Seite des Canal Grande etwas abwärts der Rialto-Brücke) seinen Sitz aufschlug.

Lange davor aber war die Kirche von S. Marco gegründet worden. Angeblich hat der Rat von Rialto den Nonnen von S. Zaccaria einen Teil ihres Krautgartens abgekauft und darauf und auf vielen Eichenpfählen im Wasser daneben die Vorgängerkirche der heutigen Basilica errichtet. S. Marco wurde aber nicht dem Bischof von Olivolo, sondern dem von Padua unterstellt.

Die kirchenrechtliche Situation war also etwas grotesk: die Stadt, die nun schon Venedig war und hieß, gehörte zum Bistum Olivolo-Castello, dessen Kathedrale weit draußen lag und dem hl. Petrus geweiht war. Der aber war mitnichten der Patron der Stadt; das war vielmehr S. Marco, dessen Kirche aber weder dem Bischof noch dem Patriarchen unterstand. Der Patriarch wiederum residierte in einem zwar ihm untergebenen, aber fremden und weit wichtigeren Bistum, denn Venedig hatte längst alle Lagunengemeinden entweder geschluckt oder zur Bedeutungslosigkeit hinuntergedrückt. (Es gingen nach und nach alle Bistümer mit Ausnahme des Bistums Chioggia ein.)

1451 wurde dem Papst die Sache zu unübersichtlich. Er löste das Patriarchat Grado-Nova-Aquileja auf und erhob das Bistum Olivolo-Castello zu einem neuen Patriarchat Venedig. Lorenzo Giustiniani, der später heiliggesprochene »kernige Asket« (so das »Lexikon für Theologie und Kirche«) aus der uralten Patrizierfamilie, seit 1433 Bischof von Castello, wurde erster Patriarch von Venedig. Aber die Patriarchenkathedrale blieb nach wie vor S. Pietro in Castello. S. Marco, das inzwischen zweimal abgebrannt und in der zweiten Hälfte des XI. Jahrhunderts in der Pracht wiederaufgebaut worden war, die wir heute vor uns haben, blieb auch nach wie vor »Abbatia nullius«, d.h. eine Art Klosterbistum eigenen Rechts, nicht dem Patriarchen unterstellt, sondern direkt dem Papst. Erst viel später, als die Republik schon untergegangen war, verfügte 1807 Napoleons Stiefsohn und Vizekönig von Italien Beauharnais die Verlegung des Patriarchensitzes von S. Pietro nach S. Marco, was 1821 Papst Pius VII. anerkannte. Und so ist es nun heute, und außer dem gekränkten hl. Theodor haben die Venezianer auch noch den hl. Petrus gekränkt. Kann das auf die Dauer gutgehen?

VI

Angesichts der großen Zahl von Kirchen in Venedig und angesichts der Tatsache, daß die abergläubischen Kaufleute es sich die ganzen Jahrhunderte hindurch nicht haben nehmen lassen, diese Kirchen so prächtig auszustatten, daß die betreffenden Heiligen nicht umhinkonnten, jeden Betrug zu decken, ist es verständlich, wenn der hl. Theodor auf seiner Säule und der Marcus-Löwe auf der anderen bei ihrem nächtlichen Disput jedesmal zu einer anderen Antwort auf die Frage kommen, welche die schönste Kirche von Venedig sei.
Häufig allerdings tritt der Marcus-Löwe für seine Marcus-Basilica ein, obwohl er ihr den Rücken zuwendet. In der Tat ist diese Kirche ein einzigartiges Juwel und sicher die fremdartigste Kirche im ganzen Abendland. Freilich, denn sie ist eine morgenländische Kirche, die einzige große byzantinische Kirche, die uns erhalten geblieben ist, seit Byzanz für das Christentum verlorenging. Die Struktur der Kirche – das architektonische Zusammenspiel der fünf Kuppeln – erschließt sich nicht sofort, wenn man S. Marco betritt. Zunächst wirkt sie – abgesehen davon, daß sie voll Geschiebe von Touristen ist – wie eine Wunderhöhle, so etwa wie die Schatzkammer eines alt gewordenen Piratenkönigs, dem schon leicht magische Fähigkeiten angewachsen sind. Alles strotzt von Gold, und das Licht ist warm und bräunlich.
Es ist unsinnig, die ganzen herrlichen Mosaiken wie in einer Bildergalerie betrachten zu wollen. Es sind zu viele, und sie sind ja

auch nicht so gedacht. Man geht, wenn man zu dem betreffenden Sprengel gehört, jeden Sonntag in die Kirche, sitzt nicht jeden Sonntag auf genau dem gleichen Platz, also betrachtet man jeden Sonntag ein anderes Bild unter den Mosaiken. Da Touristen in der Regel höchstens fünf Tage in Venedig bleiben, unzählige sogar nur für einen einzigen Tag durch die Sehenswürdigkeiten geschleift werden, ist der Rat müßig: jeden Tag in die Marcus-Basilica zu gehen und vielleicht sieben Mosaikbilder zu studieren. Wahrscheinlich wird der Einladung, ein Jahr in Venedig zu verbringen, kaum jemand folgen wollen oder können. Ein Jahr lang hätte man in der genannten Weise schon zu tun.

Im Gewölbe der rechten »Cantoria« ist die Szene der Überfahrt der Schiffer von Alexandria nach Venedig mit dem Leichnam des hl. Marcus dargestellt: die Matrosen raffen gerade das Segel, ein Felsen mit einem Baum taucht auf, das wild bewegte Meer ist durch blaue Bänder angedeutet. Der tote San Marco steht und wacht, der brave Handelsherr mit seiner eleganten Börsianermütze ruht auf dem Heck aus. Oder – im rechten Querschiff – die kreuz und quer übereinandergewurstelten eingeschlafenen Jünger am Ölberg. Sie sind nicht realistisch, aber so eindringlich dargestellt, daß man sie schnarchen hört. Daneben ein eher herausfordernd als leidend blickender Jesus, kniend und betend, und unter ihm wunderbar gezeichnete Blumen und Pflanzen. Fast komisch ist (im gleichen Querschiff) die Versuchung Christi. Die putzigen Teufelchen, in kesse grüne Schärpen gekleidet, haben keine Chance. Einer von ihnen – jetzt ganz nackt – fährt auch schon wieder wütend in die Hölle. Oder die Fußwaschung (rechts auf dem Bogengewölbe), wo sich das Wasser in der Schüssel nach oben bauscht. Berühmt ist (in der Taufkapelle) die tanzende Salome, züchtig bekleidet in tiefroter Robe mit üppigem Pelzbesatz und goldenem Kragen. Sie muß sich also nach ihrem Schleiertanz wieder umgezogen haben. Die Schüssel mit dem abgeschlagenen Haupt des Johannes schwingt sie wie ein Tamburin über dem Kopf. Die Bankettszene des Herodes daneben zeichnet sich durch einen reich gedeckten Tisch aus. In einer Schüssel ist deutlich ein gebratenes Huhn zu erkennen ... Jedes Bild erzählt seine Geschichte, und dabei darf man nicht übersehen, daß die Mosaiken zu den größten Kunstwerken gehören, die ihr Jahrhundert (das XIII.) hervorgebracht hat. Vielleicht reicht daher ein Jahr nicht. Und ein weiteres Jahr bräuchte man für die »Pala d'oro«, das ist sozusagen die Marcus-Kirche im kleinen. Das ist ein Altaraufsatz, der heute hinter dem Hochaltar aufgestellt ist (man muß rechts neben dem Altar Eintritt bezahlen) und im Lauf der Jahrhunderte, vom X. bis zum XIV., zusammengesetzt wurde. In Dutzenden von Email-Miniaturen, umgeben von über 800 Edelsteinen, sind Szenen aus der Passion, der Marcus-Legende und Heiligenfiguren dargestellt. Allein materiell ist diese Pala d'oro einer der bedeutendsten Schätze Venedigs, sie ist aber auch und vor allem der Höhepunkt byzantinisch-venezianischer Goldschmiedearbeit.

Im Gewölbe des äußeren linken Eingangs, der »Porta di S. Alipio«, ist in der Marcus-Kirche die Marcus-Kirche dargestellt, ganz detailgenau, und auch wieder die S. Alipio-Porta. Selbst die vier Bronze-Pferde sind zu erkennen. In den Türen drängen sich zahllose Figuren – nicht anders als heute, nur daß es damals Dogen, Könige, Bischöfe und Heilige waren.

Die vier Pferde – die »Rosse von S. Marco« – sind ganz besonders edle Bildwerke, Meisterarbeiten aus dem Rom Neros oder Trajans, vermutlich für einen Triumphbogen geschaffen. Sie kamen nach der Verlegung der Residenz nach Konstantinopel und wurden dort im Hippodrom aufgestellt. Der Versuch Venedigs, das ganze Byzantinische Reich zur Kolonie zu machen, scheiterte, wie oben geschildert. Aber die Rosse, die 1204 nach der Eroberung Konstantinopels nach Venedig geschafft wurden, blieben der Serenissima. Es ist wohl bemerkenswert, daß damals, längst vor der Renaissance, die Qualität dieser Bildwerke erkannt wurde, obwohl sie keinen religiösen Bezug hatten. Auch Napoleon, der, so weit er kam, Kunstwerke stahl, erkannte den Wert und ließ sie 1797 nach Paris bringen. 1815 mußten sie zurückgegeben werden. Heute sind sie durch vorzügliche Kopien ersetzt, die sorgfältig restaurierten Originale sind im S. Marco-Museum im Dachboden der Kathedrale zu besichtigen.

VII

Am Anfang der Republik hatte es mehrmals den Anschein, als entwickle sich aus ihr das erbliche Herzogtum der einen oder anderen Dogenfamilie. Fünf Mitglieder der Familie Partecipazio folgten von 810 bis 942 – mit einigen Unterbrechungen – aufeinander. Eine dieser Unterbrechungen war die Herrschaft des Dogen Pietro I. Candiano 887, dem drei weitere Candiani, die alle Pietro hießen, bis 976 folgten. Danach traten die Orseolo auf, drei, bis 1026. Die fingen schon an, sich mit ausländischen Fürstenhäusern zu verschwägern. Otto Orseolo heiratete die Prinzessin Gisela von Ungarn, die Schwester König Stephans des Heiligen. Sein Sohn Pietro wurde dadurch sogar für kurze Zeit König von Ungarn. Aber daheim in Venedig bekamen es die Kaufherren mit der Angst zu tun, daß eine Familie, wenn das Dogenamt einmal erblich würde, das große Geschäft machen könnte und die anderen das Nachsehen hätten. So entstand – grob gesprochen – die Verfassung des venezianischen Staates. Obwohl – oder gerade weil? – Venedig die einzige der wichtigen Städte Italiens ist, die keine lateinische und römische Vergangenheit hat (was auch das Stadtbild prägt), ahmten die Venezianer die römisch-republikanische Oligarchie nach: die Demokratie, beschränkt auf eine genau umgrenzte Anzahl Mächtiger, und das System, kein Staatsamt mit zu starker Machtfülle auszustatten. Im alten Rom waren die Ämter zeitlich begrenzt, in Venedig verteilte man die Kompetenz, so daß nie zuviel davon in einer Hand vereinigt war. Die Hauptbefugnis über den Staat lag ohnedies bei Körperschaften: dem Senat, dem Rat der Zehn und den Pregadi. Die Verfahren zur Wahl der einzelnen Gremien wurden mit der Zeit so kompliziert, daß sie schon an Lotterieausspielungen herankamen. Der Doge wurde zwar auf Lebenszeit gewählt, aber das wurde im Lauf der Jahrhunderte so weit ausgehöhlt, daß er zuletzt fast nur noch Repräsentation war. Das Zeremoniell war streng und verwickelt. Bis in alle Einzelheiten war der Tagesablauf geregelt. Er konnte keinen Schritt ohne Beobachtung zeremonieller Regeln machen. Allein der Aufwand an vorauseilenden, nach- und nebenherschreitenden Fackel-, Fahnen- und Insignienträgern, Hofmeistern, Kaplänen und dergleichen war so enorm, daß von irgendeiner auch nur im entferntesten spontanen Entscheidung keine Rede sein konnte. Der Doge hatte kein Privatleben mehr, er war nicht einmal mehr eine Privatperson. Er war in sein Amt eingeschnürt wie in seine schwersamtenen Prunkkleider, und er wurde nur noch – selber unbeweglich geworden – dem Staatsschiff sozusagen vorausgetragen. Er war ein Talisman geworden, und nicht selten wurde er herzlos weggeworfen, wenn er kein Glück gebracht hatte.

Dennoch, das scheint von unausweichlicher Menschlichkeit zu sein, war das Dogenamt das Erstrebenswerteste für jeden aus den Familien, die im berühmten »Goldenen Buch« verzeichnet waren. Je mehr Dogen eine solche Familie aufzuweisen hatte, desto höheres Ansehen genoß sie. Seit 1026, nach dem Tod des letzten Orseolo, wählte man nun die Dogen zwar nur aus den Familien des »Goldenen Buches«, aber kein einziges Mal in der Geschichte, die noch fast 800 Jahre dauern sollte, zwei Dogen hintereinander aus derselben Familie. Man achtete sorgsam darauf, daß zwischen zwei Dandolo mindestens ein Gradenigo stand, so daß ja keine Tendenz zur Erblichkeit ruchbar wurde. Und so kamen mehr oder weniger alle Familien einmal dran:

die Dolfin und Cornaro, die Morosini und Falier, die Grimani und die Loredan, alle die stolzen, schönen Namen, deren Klang heute noch in den Palazzi erhalten ist, die wir sehen, wenn wir den Canal Grande hinauf oder hinunter fahren. Ab und zu heißt sogar eine Motoscafo-Station nach einem solchen Namen, womit uns der Gang der Geschichte zwanglos zu dem geführt hat, was in anderen Städten Straßenverkehr heißt, in Venedig aber vom Wasser bestimmt und beherrscht wird.

Das älteste und berühmteste Verkehrsmittel Venedigs ist die Gondel, immer noch eins der Wahrzeichen der Stadt, wenn sie auch im täglichen Leben nur noch eine geringe Rolle spielt. Schon bevor Venedig Venedig war, 697 bei der ersten Dogenwahl, wird eine Gondel erwähnt. Sie dürfte anders ausgesehen haben als das heutige Bild, das jeder kennt. Die typische Gondelform hat sich im Lauf der Jahrhunderte nach praktischen Gesichtspunkten zu dem herausgebildet, was sie heute (oder besser gesagt: seit dem XVI. Jahrhundert) ist: vollkommen. Bessere Fahrtüchtigkeit für den vorgegebenen Zweck läßt sich nicht denken. Woher das Wort »Gondola« kommt, weiß man nicht. Die Ableitung vom griechischen Wort »Kondu« (Tasse) zu venezianisch »Condula« (kleine Tasse), die manchmal angeboten wird, erscheint etwas an den Haaren herbeigezogen. Sicher ist aber, daß in der Barockzeit mit der Ausstattung der Boote Luxus getrieben wurde, der den Provveditore di S. Marco (den Sicherheitsreferenten) dazu veranlaßte, einheitlich schwarze Farbe zu verordnen. Einheitlich (eine frühe Form einer Industrienorm) ist auch die Größe: 10,85 m lang, 1,42 m breit, einheitlich auch die asymmetrische Form, die zusammen mit dem geringen Tiefgang ermöglicht, daß *ein* Mann – der legendenumwobene Gondoliere – das Fahrzeug mühelos rudern und steuern kann, und zwar mit *einem* Ruder. Das eiserne Belegstück am Bug hat in der Regel sechs Zacken nach vorn und eine Zacke nach hinten: das symbolisiere, heißt es, die sechs Stadtteile (Sestieri) und die Giudecca. Nicht einheitlich sondern förmlich individuell gestaltete Kunstwerke von abstrakter Schönheit sind die Rudergabeln (Dollen, venezianisch *forcole*). Sie werden von Spezialisten geschnitzt und signiert. Nicht weit hinter S. Marco, gegen S. Zaccaria zu, ist in einer Gasse so eine Schnitzerei. Man kann durchs Fenster zuschauen. (Eine *forcola* kostet ca. 900 bis 1000 DM.) Die ganze Gondel aber baut der *squerariol*. In der Blütezeit Venedigs, im XV. Jahrhundert, gab es 10 000 Gondeln, heute sind es nur noch 480. Es gibt auch nur noch zwei Gondelwerften, eine davon ist kurz hinter der Kirche S. Trovaso nach dem Zattere hin. Fünf Jahre Wartezeit muß man für eine neue Gondel aufbringen, außerdem 30 000,– DM. Nach zehn Jahren hat das Wasser die asymmetrische Gondel geradegebogen, und sie muß aufs Dock und wieder zurechtgerichtet werden.

Bedeutung hat die Gondel heute, außer als nahezu mythisches Symbol und als Photomotiv, nur noch wie in anderen Städten die nostalgischen Pferdekutschen. Gondelanlegestellen finden sich unter anderem bei S. Marco, an der Riva degli Schiavoni, am Rialto und am Bahnhof. Der von Thomas Mann – in »Der Tod in Venedig« – besungene dekadentweiche Sitz und die wiegende Fahrweise treffen immer noch zu, der Preis für eine Gondelfahrt ist hoch: man muß ca. 1000 Lire (= 1,00 DM) pro Minute rechnen.

Das eigentliche Personenverkehrsmittel ist das öffentliche Motorschiff, ein Wasseromnibus, der nach Fahrplan und Liniennetz verkehrt. Diese Schiffe, *Vaporetti* genannt, obwohl sie zum Glück nicht mehr dampf-, sondern dieselgetrieben sind, sind zuverlässig und billig. Es gibt insgesamt 16 Linien, davon eine Kreislinie (»5«), ein Schnellboot *(Accelerato*, Linie »1«*)* und eine Nachtlinie von 0 bis 5 Uhr (Linie »2«). Die Einzelfahrt kostet 1700 Lire, es empfiehlt sich aber, das 24-Stunden-Bigliett (10 000 Lire) oder das Drei-Tage-Bigliett (17 000 Lire) zu kaufen. Verkaufsstellen sind an der Piazzale Roma. Über Einzelheiten – auch generell und mit Informationen über kulturelle Ereignisse, aktuelle Öffnungszeiten usw. – unterrichtet das vierzehntägig erscheinende Heft »Un Ospite di Venezia« (italienisch/englisch), das in besseren Hotels aufliegt.

Das Privatauto ersetzt – allerdings nicht in dem Maße wie in anderen Städten – das Privat-Motorboot. Es sind Bestrebungen im Gang, diese Boote, die die Hauptschädlinge für die Fundamente der Häuser an den Kanälen sind, ganz zu verbieten. Wahrscheinlich muß aber erst mindestens die Ca d'oro einstürzen, bis das durchgesetzt werden kann. Taxi – sehr teuer – sind ebenfalls Motorboote, an der Aufschrift und Nummer kenntlich. Auch Polizei und Feuerwehr fahren selbstverständlich mit dem Schiff. Der Fremdenverkehrsfunktionär, der jetzt vielleicht in Harry's Bar über das Unvermeidliche ausgeseufzt hat und morgen so wenig gegen die Zerstörung Venedigs tut wie heute und gestern, nimmt für sich das Privileg in Anspruch, mit dem Dienst-Motoscafo nach Hause knattern zu dürfen, auch in Zukunft, selbst wenn eines Tages alle anderen wieder rudern müssen. (Alle anderen: die keine Ausnahmegenehmigung haben.)

VIII

Die Wege nicht *in*, sondern *nach* Venedig sind auch durch das Wasser vorgezeichnet, wenngleich die Stadt nicht mehr, wie durch viele Jahrhunderte, eine Insel ist. Die schönste Ankunft in Venedig sei, sagen zumindest drei, die es wissen müssen, die von der Seeseite her. Thomas Mann läßt in seiner schon erwähnten Erzählung »Der Tod in Venedig« den Dichter Gustav von Achenbach mit dem Schiff von Triest her in der Serenissima anlanden und beschreibt dies in einer meisterlichen Szene, wie überhaupt diese Novelle wohl das Schönste ist, was die deutsche Prosa zum Lob Venedigs beigetragen hat. Aber schon August von Platen hat die Ankunft vom Meer her besungen, was wiederum einer der besten deutschen Italienkenner, Eckart Peterich, zitiert, in dessen »Italien« (im ersten Band) gut hundert Seiten Venedig gewidmet sind. Platen hat die meiste Zeit seines kurzen Lebens in Italien verbracht, davon viel in Venedig. Dem verdanken die 17 Venezianischen Sonette von 1825 ihre Entstehung. Trotz der sprachlichen Patina dieser oft deutlich dem frühen XIX. Jahrhundert verhafteten Gedichte und trotz der gelegentlich unfreiwilligen Reimkomik, der der Formfanatiker Platen verfällt, finden sich hier Verse von großer Schönheit, die das wiegende Gefühl zwischen Glück und Melancholie auszudrücken vermögen, das wohl jeden erfaßt, wenn er mit wachem Sinn Venedig besucht. Nietzsche, der ja auch lange Zeit in Italien gelebt hat, hat diesem Gefühl fünfzig Jahre nach Platen in herberer Form in seinem vielzitierten

»Venedig« Ausdruck verliehen: »An der Brücke stand/jüngst ich in brauner Nacht ...«
Die Schiffe aus Istrien kommen an der Riva dei Schiavoni (dem »Slawen-Ufer«) an und fahren auch von dort ab. Auch die Boote, die aus der Brenta durch den Canale di Fusina kommen, landen dort. Diese Boote und Fähren waren bis 1846 die einzigen Verbindungsmittel zwischen Venedig und dem Festland (der Terra ferma). Adriano Banchieri hat 1605 eine Madrigalkomödie auf einen Text Giovanni Battista Guerinis geschrieben: »La Barca da Venezia per Padova«, in der in musikalisch-parodistischer Weise das burleske Leben geschildert wird, das auf diesen Fahrten herrschte. Damit war es 1846 so ziemlich vorbei, denn in diesem Jahr wurde (unter österreichischer Herrschaft) die noch heute bestehende Eisenbahnbrücke von Mestre bis an die Nordwestflanke des Sestiere Cannaregio herangeführt, knapp hundert Jahre später (1933) wurde der parallel dazu verlaufende Damm für die Autostraße hinzugefügt. Seitdem breitet sich geschwürartig in der Gegend um die Scalzi-Kirche (S. Maria di Nazareth) sozusagen das Festland aus.
Es ist ein Phänomen, das die Stadt Venedig vielleicht am stärksten prägt, auch wenn man es erst dann bemerkt, sobald man es sich bewußt vergegenwärtigt: in Venedig fehlen die Accessoires der Zivilisation fast ganz. Diese Accessoires, die von Schaltkästen, Oberleitungsdrähten, Telephonzellen bis zu Verkehrsschildbündeln, Leitungsmasten und Ampeln reichen, überkrusten den Anblick unserer Städte oft bis zur Unkenntlichkeit. In Venedig ist wenig Platz für diese Accessoires, auf die man angeblich anderswo nicht verzichten kann. Auch das verdanken wir natürlich dem Wasser. Otto Julius Bierbaum, ein Schriftsteller, der heute leider nichts mehr gilt, hat 1910 ein geistvolles Buch geschrieben: »Die Yankeedoodler-Fahrt und andere Reisegeschichten«, in der er sehr früh schon, als es noch

gar nicht so dicke Krusten gab, auf dieses Phänomen hinwies. Er zitiert dabei den Plan aus dem XIX. Jahrhundert, den die Stadtväter angeblich ernsthaft ventilierten: die Paläste und Häuser zu unterfangen und die Kanäle zuschütten zu lassen. Die in den Jahrhunderten stahlhart gewordenen Eichenpfähle sollten an amerikanische Klavierfabriken verkauft werden.
Abgesehen von den erwähnten Geschwüren am Bahnhof und um die Parkhäuser am Piazzale Roma herum, wo das durch Schönheit ermüdete Auge des Autotouristen endlich wieder Verkehrsampeln und die Nase wieder Abgase genießen kann, verbreitet sich leider unaufhaltsam eine andere optische Pest: die Fernsehantenne. Dagegen ist selbst das Wasser machtlos, und damit muß der Freund der Schönheit nun auch in Venedig leben. Er kann nur das tun, was man anderwärts bei den Accessoires der Zivilisation einzig versuchen kann: die optischen Beleidigungen wegzudenken und wegzuschauen.
Vor einigen Jahren wurde zusätzlich zu den (sehr teuren) Parkhäusern am Piazzale Roma, die zudem immer voll sind, die künstliche Parkplatz-Insel *Tronchetto* erbaut, die aber auch schon ständig besetzt ist. Wer meint, unbedingt mit dem Auto nach Venedig fahren zu müssen, und nicht ein ausgemachter Parkplatz-Glückspilz ist, sollte einen der Festlands-Parkplätze ansteuern: S. Giuliano, Farsina oder Punta Sabbioni. Sie sind billiger und weniger beliebt, obwohl von allen direkter Fährverkehr nach und von Venedig angeboten wird.
Merkwürdigerweise ist die Zugverbindung nach Venedig von Norden her äußerst ungünstig. Durchgehende Züge gibt es fast nicht, Kurswagen sind rar, man muß meistens in Verona umsteigen, und von München aus, das ja eigentlich doch nur eine Außenstation Italiens ist, braucht man bis »Venezia S. Lucia« über elf Stunden. Warum der Weltgeist nicht bessere Zugverbindungen zuläßt, ist eins der wohl unlösbaren Rätsel.

Günstig dagegen ist die Flugverbindung. Der Flughafen, der natürlich nach dem venezianischen Weltreisenden des XIII. Jahrhunderts *Marco Polo* heißt, liegt auf dem Festland nördlich von Mestre an der Lagune. Die Stadt (Piazzale Roma) erreicht man sehr bequem entweder mit dem Taxi oder mit einem der Flughafenbusse in oft weniger als einer halben Stunde. (Taxis direkt vom Flughafen quer über die Lagune zur Stadt sind sehr teuer. Luxushotels holen ihre Gäste mit hauseigenen Booten ab.) Der Flug von München nach Venedig dauert keine Stunde. Wenn man um zehn Uhr in München abfliegt, kann man – alles in allem – um halb eins schon am Marcus-Platz beim Mittagessen sitzen, womit wir bei einem natürlich sehr wichtigen Punkt angelangt sind: der Hotellerie und Gastronomie.

IX

Venedig ist neben Rom wohl die Stadt mit der längsten Tradition an Fremdenverkehr auf der ganzen Welt. Wenn es in Rom eher Pilger waren, die – den lebenden Papst und die toten Märtyrer aufsuchend – den Tourismus begründeten, so waren es in Venedig von Anfang an die Bewunderer der Schönheiten und Großartigkeiten der Stadt. Dabei ist eine Entwicklung zu vermerken, die vielleicht der Grund für jene viel zitierte Melancholie oder auch Dekadenz ist, die Venedig heute mit opalem Glanz überzieht.

Durch die Gunst der Lage, gut geschützt an der oberen Adria, aber dennoch weltoffen und mit einem nahezu idealen Hafen beglückt, durch die unerbittliche Kommerzgesinnung ihrer Patrizier, durch eine vorzüglich funktionierende Verfassung und dadurch im Mittelalter seltene Stabilität der politischen und ökonomischen Verhältnisse, aber auch durch viel Glück wurde Venedig (und wurden seine Bewohner, soweit sie den oberen Schichten angehörten) nahezu unermeßlich reich. Das begann im XI. Jahrhundert. Man kann das Jahr 1082 als Anfang dieser Glückssträhne betrachten. Damals gelang es einer verbündeten venezianisch-byzantinischen Flotte, die Normannen, die sich in Süditalien breitgemacht hatten, von der unteren Adria zu vertreiben. Venedig erhielt dafür vom byzantinischen Kaiser Freiheit von Steuern. Das bedeutete praktisch Souveränität. Wenige Jahre später wurde – folgerichtig – das Arsenal erbaut. Die Nachfolgerbauten mit dem schönen großen Tor

(Ingresso all'Acqua von 1570) kann man heute noch besichtigen. Hier im Arsenal wurden später die meerbeherrschenden Galeeren der Serenissima gebaut, aber auch die Prunk- und Staatsschiffe, die goldstrotzenden »Bucintori«, von denen aus sich der Doge jedes Jahr am Himmelfahrtstag mit dem Meer vermählte: »Desponsamus te, Mare, in signum perpetui domini«, sagte der Doge feierlich und warf den Ring ins Meer (den man, von den Reichen lernt man sparen, unter Wasser abfing und wieder herausfischte).

Im Lauf der nun folgenden Jahrhunderte baute Venedig zielstrebig seine Vormachtstellung aus: die Vormachtstellung im Mittelmeer, das damals das Zentrum der Welt unserer Vorfahren war. Zwei schwerwiegende Umsturzversuche, der des Bajamonte Tiepolo von 1310, und der »Staatsstreich von oben« des Dogen Marino Falier von 1355 wurden erfolgreich abgewehrt. Die oligarchische Verfassung ging gestärkt aus diesen Krisen hervor. Die konkurrierende See- und Handelsstadt Genua wurde zwar nicht gänzlich niedergerungen, aber durch den Friedensschluß von 1381 deutlich auf den zweiten Platz verwiesen. Um 1400 begann Venedig systematisch seine Herrschaft nicht nur auf Istrien, Dalmatien und die griechischen Inselstützpunkte, sondern auch auf die Terra ferma, das nordöstliche italienische Festland, auszudehnen, auf Friaul und das Land, das heute noch »il Veneto« heißt. Im Lauf der Jahre wurde alles Land bis zu den Alpen und bis Brescia und Bergamo venezianischer Besitz, ein schützendes Vorfeld gegen Übergriffe, deren es bis 1508 genug gab, als die »Liga von Cambrai« (der Papst, der Kaiser, Frankreich und Spanien) versuchte, Venedig zu überrumpeln. Nicht so sehr durch militärische Siege als durch diplomatisches Geschick gelang es Venedig, diese Gefahr abzuwenden. Es war das Verdienst des Dogen Leonardo Loredan (1501-1521), einer der wenigen Dogen, dessen Persönlichkeit durch den Panzer des verkrusteten Repräsentationsamtes politisch hindurch wirkte. Es gibt ein großartiges Portrait Leonardo Loredans von der Hand Giovanni Bellinis, das heute nicht mehr dort hängt, wo es hingehört, sondern in der National Gallery in London.

Der Tourist – etwa der junge Albrecht Dürer (1505 oder vielleicht schon 1490) – kam damals nach Venedig, um als Zaungast den Reichtum, den Prunk und die Macht Venedigs zu bestaunen, hinter der selbst die satte Wohlhabenheit des heimatlichen Nürnberg weit zurückblieb.

Aber jenes Ereignis, das den Lauf der Zeiten ändern sollte, war damals schon eingetreten, nur konnte niemand, auch nicht die hellhörigsten Kaufleute in Venedig, die Bedeutung ermessen: die Entdeckung der neuen Welt. Langsam, zunächst sehr langsam und unmerklich, verlagerte sich das Gewicht des Handels aus dem Mittelmeerraum hinaus, und damit sank die Bedeutung Venedigs. Freilich konnte das zunächst dem Glanz nichts anhaben, und das barocke Venedig, die Königin der Künste, strahlte wie eh und je: die Werke Tizians und Tintorettos entstanden, Pietro Aretino schrieb und dichtete in Venedig, Giovanni Gabrieli und Claudio Monteverdi waren die Maestri di cappella zu San Marco. Der Seesieg von Lepanto über die Türken 1571, an dem Venedig maßgeblich beteiligt war, wurde als Triumph der Christenheit gefeiert, konnte aber nicht darüber hinwegtäuschen, daß die griechischen »Kolonien« nach und nach verlorengingen, zuletzt Kreta 1669. Im XVIII. Jahrhundert zehrte Venedig, trotz der letzten großen kulturellen Blüte, nur noch von seiner großen Vergangenheit. Tiepolo schildert in seinen Fresken den Glanz einer vergangenen Zeit, Canaletto und Guardi malen die Veduten für die Touristen. Venedig lebt nun – so haben sich die Dinge umgedreht – von dem Geld, das die Touristen hinterlassen, während sie die Relikte der großen Zeit betrachten, die die Venezianer nun servil ausbreiten. Daß selbst die heiteren Konzerte Vivaldis, die geistvollen Komödien Goldonis einen Hauch von Melancholie atmen, ist nicht verwunderlich.

Wenn früher die Fremden kamen, um die Reichtümer anzuschauen, werden nun die zerfallenden Schätze zur Schau gestellt, damit die Fremden kommen.

1797 ist es mit der Herrlichkeit der Serenissima als Stadtstaat endgültig vorbei. Eine Art Palastrevolution, nämlich der politische Handstreich einer Minorität des *Maggior Consiglio,* setzte die Verfassung außer Kraft und den letzten Dogen Ludovico Manin ab. Aber statt der bürgerlichen Freiheit kam Napoleon mit einer französischen Besatzungshorde und begann auch, Venedig baulich umzukrempeln (der westliche Abschluß des Marcus-Platzes, die sog. *Ala Napoleonica,* geht auf ihn zurück), vor allem aber – wie auch in Rom – die Kunstschätze zu plündern. So ließ er, wie erwähnt, die vier Bronze-Pferde vom Marcus-Dom nach Paris schaffen. Antonio Canova, dem großen Bildhauer des venezianischen Klassizismus, ist es zu verdanken, daß nach Napoleons Sturz fast alles wieder zurückkam.

Nicht zurück kamen Glanz und Macht des alten Venedig. Kurze Zeit geriet es unter französische Verwaltung, dann kam die Stadt samt der Terra ferma an das neue Kaisertum Österreich-Ungarn. Venedig wurde k. und k. Provinzhauptstadt. Auf dem Marcus-Platz promenierten die Feschaks der Habsburger. Es tröstete die Venezianer wenig, daß die Hochzeitsreise von Franz Joseph und Sissi auch nach Venedig führte. Überhaupt wurde Venedig zunehmend die Stadt der Flitterwochen, und operettenseliger Flitter verdrängte die Götter des alten Hellas, die – so meinte es wenigstens Herzmanovsky-Orlando, der oft in Venedig war – in der Serenissima ihren letzten Unterschlupf gefunden hatten. Zumindest im Repertoire der Oper im XVIII. Jahrhundert war es so.

Der republikanische Aufstand von 1848 blieb ohne Folgen. Der Hauptheld der Revolution hieß zwar *Manin* wie der letzte Doge, war aber nicht verwandt, stammte auch gar nicht aus der alten Patrizierfamilie gleichen Namens. Erst 1866, nach dem für Österreich-Ungarn verlorenen Krieg gegen Preußen, profitierte das Königreich Italien vom fremden Sieg. Venedig und Venetien wurden von Österreich abgetreten. Die Stadt wechselte aber nur die ohnedies fremden Fahnen: statt schwarz-gelb nun grün-weiß-rot. Statt österreichische wurde Venedig italienische Provinzhauptstadt, und dabei ist es bis heute geblieben, und auch, daß Venedig hauptsächlich vom Tourismus lebt. Den skizzierten Wandel im Tourismus – vom Staunen zum Zahlen – bezeichnet unter anderem, daß nicht wenige der alten Adelspaläste schon vor langer Zeit Hotels geworden sind. Das berühmteste davon dürfte das Fünf-Sterne-Hotel *Gritti Palace* sein. Es gibt eine Photographie, die zeigt Marcel Proust, wie er auf den Planken vor dem Hotel sitzt – er sieht da allerdings aus wie Charly Chaplin –, und eine andere Photographie, die Proust von seinem Zimmer im Gritti Palace aus gegen die Salute hin gemacht hat. Traditionsreiche Luxus-Hotels sind außerdem das *Bauer Grünwald* am Campo S. Moisè nahe der hochbarocken, figurenbeladenen Fassade der gleichnamigen Kirche, das *Danieli*, der ehemalige Palazzo Dandolo an der Riva dei Schiavoni mit einer überwältigenden Eingangshalle, das *Cipriani* auf der Giudecca, und das außerordentlich angenehme *Gabrielli Sandwirth*, das – eine Rarität in Venedig – über einen eigenen Garten verfügt.

An Restaurants ist in Venedig kein Mangel, wenigstens nicht in den Häuserzeilen um den Marcus-Platz und beiderseits der Rialtobrücke. Es empfiehlt sich aber – wenn man nicht ein Liebhaber der »Touristen-Menüs« ist –, Lokale in jenen Gegenden aufzusuchen, in denen sie dünner gesät sind. Als Faustregel gilt: dort, wo es drei- oder mehrsprachige Speisekarten gibt, ist die Küche fast immer schlecht. Im übrigen ist es wie in allen großen italienischen Städten: wer öfters hinkommt, erwirbt sich ein paar Lieblingsrestaurants, wo man sich nach einiger Zeit einbildet, der Kellner oder der Padrone erkenne einen wieder. Solche, oft namenlose Osterie oder Trattorie gibt es in stillen Gassen und an kleinen Plätzen (auch auf der Giudecca), sie sind oft gut und preiswert. Meins ist in einem Gassengewinkel bei S. Samuele, und wenn es je einen Namen hatte, so habe ich ihn vergessen; aber ich finde immer hin.

Zwei Restaurants von großem (und berechtigtem) Renommee müssen aber doch genannt werden: *Harry's Bar* (calle Valaresso 1323, in der Nähe des Marcus-Platzes), von Hemingways Schatten geweiht; es ist trotz des Namens keine Bar, sondern ein kleines, sehr feines Restaurant, dessen Nudelgerichte vor allem berühmt sind. Harry's Bar wird von der Familie Cipriani betrieben, deren anderer gastronomischer Tempel die *Locanda Cipriani* auf der Insel Torcello (noch hinter Murano) ist. Vorbestellung ist unbedingt erforderlich (und meist erfolglos). Ein direkter Bootsverkehr zwischen S. Marco und dem Lokal wird unterhalten. Der Gast hat nach dem Essen zwar das Gefühl, ein gesättigter König zu sein, aber auch, daß zumindest das Motorboot im Preis inbegriffen ist. Den Ciprianis gehört auch das oben schon genannte Hotel, das manche, die den direkten venezianischen Durchblick haben, für das feinste halten: das *Cipriani* auf der Giudecca.

In Venedig gilt nicht immer die sonst eiserne Regel: nie im Hotel essen! Hier gibt es Ausnahmen. Das Hotel-Restaurant des Gabrielli-Sandwirth ist vorzüglich, auch das – allerdings etwas hochgestochene – Restaurant des Gritti Palace (»Club del Doge«).

An Bars im italienischen Sinn, die (in Venedig fast immer nur bis zum frühen Nachmittag) auch kleine Imbisse (Sandwich,

Tramezzini, Kuchen, Pasteten, auf Wunsch oft sogar warm) anbieten, ist auch in Venedig kein Mangel. Drei altberühmte Kaffeehäuser müssen namentlich genannt werden, alle drei an der Piazza S. Marco: das 1750 gegründete *Caffè Lavena,* das sich rühmt, »il Caffè di Wagner« gewesen zu sein, dann das 1725 gegründete *Caffè Quadri,* das auch ein gutes Restaurant im ersten Stock beherbergt, und endlich das *Caffè Florian,* 1720 gegründet, das eng, klein und etwas verstaubt mit seinen Spiegeln und Samtsesseln immer noch etwas vom Hauch des Venedig aus Casanovas Zeit vermittelt. Alle drei Caffè haben im Sommer Tische draußen, und jeweils ein Stehgeiger mit Begleitung spielt nostalgische Weisen und versucht, den der Konkurrenz zu übertönen.

An manchen Sonntagen allerdings müssen sie schweigen, denn da spielt die Banda municipale an den drei gewaltigen Flaggenmasten vor der Basilica. Die Banda municipale ist das städtische Symphonie-*Blas*-Orchester. Solche Orchester sind in Italien nicht unüblich und unterscheiden sich von deutschen und österreichischen Blasmusiken durch den symphonischen Zuschnitt. Sie spielen Bläseradaptionen ganzer Symphoniesätze, was für unsere Ohren allerdings fremdartig klingt.

X

Ich finde, sagte ich oben, mein Favorit-Lokal stets wieder, obwohl ich nie auf seinen Namen und den der Gasse geachtet habe. Das Wieder- und Zurechtfinden ist aber selbst für versierte Venedigbesucher nicht immer problemlos. Herzmanovsky-Orlando hat in seinem vielleicht schönsten Buch, dem Roman »Das Maskenspiel der Genien«, der zum Teil in Venedig handelt, behauptet, betrügerische Venezianer dienten den Touristen ausgediente Schnittmusterbögen als Stadtpläne an. Im Grunde genommen mache das aber gar nichts aus, denn der Fremde finde sich auch mit einem ehrlichen Stadtplan nicht zurecht.

Das ist etwas übertrieben, aber nicht viel. Ich habe zwar noch nie einen Japaner oder Amerikaner mit venezianischem Schnittmusterbogen gesehen, aber oft genug verzweifelte, händeringende, ja in Tränen aufgelöste Touristen (selbst italienische), die schon zum sechzehnten Mal nach diabolischen Irrgängen auf demselben Campiello wieder angelangt waren, wo sie eine venezianische Katze mitleidlos ansah, die auf einem eisernen Deckel eines »vera da pozzo« (eines öffentlichen Brunnens) saß. Sie – die Touristen – sahen sich bereits zu Skeletten abgemagert an die »vera« hingesunken. Vielleicht vermuteten sie, venezianische Katzen ernährten sich davon.

Nein. Davon ernähren sie sich nicht. Auch haben, bis auf wenige Ausnahmen, alle Touristen früher oder später wieder ins Hotel gefunden, allerdings ist es zugegebenermaßen schwer, sich in Venedig auszukennen. Warum die Topographie gerade dieser Stadt so undurchschaubar ist, hat nicht nur erklärbare Gründe. Es ist einmal so, daß den Stadtplan Venedigs der Canal Grande bestimmt, und der verläuft so, daß er Verwirrung stiftet, nämlich in einer gegenläufigen S-Kurve. Man hat das Gefühl, daß der Kanal geradewegs vom Bahnhof nach S. Marco führe, das tut er zwar, aber durch die erwähnte Kurve nähert er sich dem Ziel, entfernt sich von ihm wieder, nähert sich abermals. An der Accademia-Brücke, von wo aus man S. Marco fast schon sieht, ist man weiter von dort entfernt als am Rialto, der etwa den halben Weg des Kanals bezeichnet. Die Frari-Kirche, die fast am Ende der Vaporetto-Fahrt rechts hinter den Häusern auftaucht, steht anderseits gar nicht weit vom Bahnhof weg.

Diese Verwirrnis der Topographie trägt zu Verirrungen bei. Dazu kommt, daß man sich aus den engen Gassen heraus selten an Kirchtürmen oder sonstigen markanten Kennzeichen orientieren kann, daß viele der kleinen Gassen, Kanäle und Plätze einander ähnlich sind, und daß es, bedingt durch die Kanäle, so viele Sackgassen gibt. Hausnummern – in Venedig immer vierstellig – scheinen dem Fremden eher mit lockerer Hand über die Stadt verstreut. Straßen- und Gassennamen sind nicht italienisch, sondern im venezianischen Dialekt angebracht.

Wenn man das alles zusammennimmt, nähert man sich, wie man sieht, schon dem herzmanovskyschen Schnittmusterbogen. Aber ein Rest bleibt, namentlich in Venedig, geheimnisvoll. Wahrscheinlich wollen die edlen Schatten der alten Serenissima nicht, daß sich ein Fremder, ein Unbefugter in ihr wirklich auskennt. Vielleicht ist es wirklich so, daß eilige Beamte des immer noch versteckt wirkenden Consiglio nächtens (oder sogar bei Tag?) tückisch die Straßennamen und Wegweiser auswechseln, um den Eindringling in die Irre zu führen, der vielleicht auf jene Spur gerät, die ihn dazu bringen könnte, das letzte, nie gelöste Rätsel der Schönheit Venedigs zu entschlüsseln.

Im übrigen, um wieder nüchtern zu werden, kann man sich schon dadurch helfen, daß man sich krampfhaft am Fremdenstrom festhält, der Tag und Nacht entlang der Ameisenroute von S. Marco über den Campo S. Stefano, den Campo Manin zum Rialto pulsiert, den Calle entlang, die alle beleuchtete Auslagenscheiben aufweisen, sich am Rialto teilt und entweder über den Campo S. Giacomo oder über die *Strada Nuova* (eine im XX. Jahrhundert gepflügte Schneise zum Bahnhof) tröpfelt. Auch ist es hilfreich, sich die Sestieri zu merken. Venedig ist nicht in Viertel, sondern in »Sechstel« geteilt, die, nebst der – allerdings nur Insidern wirklich nützlichen – Angabe über die Pfarreizugehörigkeit der betreffenden Häuserblocks, auf großen Steintafeln vermerkt sind. Links des Canal Grande liegen (vom Bahnhof aus gerechnet) die Sestieri *Cannaregio*, *S. Marco* und *Castello*, rechts von Norden nach Süden *S. Groce*, *S. Polo* und *Dorsoduro*. Die *Giudecca* zählt extra. Leider sind auf den meisten Stadtplänen die Sestieri nicht vermerkt.

Die Straßennamen in Venedig sind nicht nur im Dialekt angeschrieben, sie sind auch äußerst merkwürdig. Zunächst schon die einzelnen Arten: die einfachen Gassen heißen »calle«, die kleineren »callette« oder »calleselle«; eine »via«, wie sonst in Italien, gibt es nicht (nur auf dem Lido und in dem neuen Biennale-Viertel, wo es auch eine Via Garibaldi gibt, auf die offenbar keine italienische Stadt verzichten kann), die einzige »strada« ist die oben erwähnte »Strada nuova«, eine neue Errungenschaft. Die kleineren Kanäle heißen »rio« (plur. rii), die größeren, etwa der der Giudecca, des Cannaregio, des Castello »canale«; »canal« ohne e am Schluß heißt *nur* der *Canal Grande*, wie schon erwähnt. Sehr enge Gassen heißen gelegentlich »stretto«; Gassen, die auf nur einer Seite Häuser haben und sonst einen Kanal oder *rio* entlang führen, heißen »fondamento«. Oft liest man »salizzada«: das bedeutet, daß der Weg seit altersher gepflastert ist, »lista« heißt ein Straßenstück, das an einem ehemaligen Gesandtschaftsgebäude entlangläuft. »Sottoportico« oder »Sottoportego« heißt eine – vielleicht auch nur teilweise – überbaute Gasse, »ruga« ist eine (ehemalige) Handwerker- und Werkstättengasse, »ramo« bedeutet: kleine Stichstraße. *Platz* gibt es nur einen: den Marcus-Platz, »Piazza S. Marco«, mit der »Piazzetta« anschließend. Alle anderen Plätze heißen ausnahmslos »campo« oder – wenn sie kleiner sind – »campiello«. Eine Ausnahme bildet auch hier eine neue Schöpfung: der *Piazzale Roma* am Ende der Autobahnbrücke. Es gibt dann noch »piscina« für ein zugeschüttetes ehemaliges Wasserbecken, nun Platz, und »rio terrà« für einen zugeschütteten Kanal. Die breiten Passagen entlang dem Ufer östlich des Marcus-Platzes heißen »Riva«, Geschäftsgassen nennt man manchmal »mercerie«.

Oft heißen die Gassen – und auch die vierhundert Brücken, über die Venedig verfügt – nach den nahebei liegenden Kirchen, desgleichen die rii, aber viele Straßenbezeichnungen sind phantasievoll und zum Glück seit altersher so belassen. So gibt es den Sottoportico »des alten Malvasier-Weines«, den Phönix-Campiello, den Saubohnen-Platz (Campo della Fava), die Banditen-Gasse, den Kriegsplatz, den Erfrischungs-Rio, die Würstemacher-Gasse, die Mörder- und (sinnigerweise in der Nähe) die Advocaten-Gasse, die Hinter-dem-Archiv-Gasse, die Gruß-Gasse der Mohren, den St.-Nikolaus-Lügner-Platz, den Kleinen Platz vom großen Haus (»Campiello della Cason«), eine Brücke der eisernen Verstellung, und ich behaupte, daß es sogar Gassen mit Namen »die verhinderte Himmelfahrt« und die »Salizzada inesistente«, die Nicht-vorhanden-Straße, gibt.

Jeder Reise- und Kunstführer für Venedig enthält zwar einen Stadtplan, aber die Enge der Gassen und die Vielzahl der Namen machen es fast immer unmöglich, daß diese Pläne, deren Größe naturgemäß beschränkt ist, ausreichend genau sind. Man kann entweder auf die bewährten Schnittmusterbögen zurückgreifen oder auf den Plan (M 1:6 000) der Casa *Editrice Tabacco*, der einigermaßen zuverlässig erscheint. Der schönste und genaueste Stadtplan Venedigs ist allerdings sehr teuer und unhandlich und verdankt seine Entstehung einem abenteuerlichen Plan:
Vor einigen Jahren photographierte man von einem Spezialflugzeug aus mit genau abgezirkelter Geschwindigkeit, Höhe und zeitlichem Abstand ganz Venedig Quadrat für Quadrat. Daraus setzte man einen Plan von Venedig zusammen, auf dem nicht nur die Schiffe mit ihren Kiellinien, einzelne Gondeln, ja einzelne Fußgänger zu sehen sind, sondern die ganzen verwinkelten Baulichkeiten Venedigs, ein großes Mosaik an Dächern, Türmen, Kuppeln und Höfen. Dieser »Atlante di Venezia« wurde als Buch herausgegeben. Leider kostet es 400 DM, und um es als Reiseführer mitzunehmen, ist es zu schwer.
Erschreckend an dem Plan ist, daß er zeigt, wie weit die Krake Autoverkehr sich vom Tronchetto und Piazzale Roma aus unmerklich außen an S. Chiara herumgefressen hat. Wer unbedingt will, kann schon am Rio di S. Sebastiano Autoabgase atmen.

XI

Der Kunstfreund, der Venedig besucht, wird dies vor allem der Kunstschätze wegen tun, die die Museen und Kirchen bieten. Einige der Kirchen sind förmlich Museen, abgesehen davon, daß ein halbes Dutzend venezianischer Kirchen zu den wichtigsten Baudenkmälern der abendländischen Kunstgeschichte zählen.

Dieses Büchlein ersetzt, das soll hier ausdrücklich gesagt sein, keinen Reiseführer. Es soll zur Lektüre und vor allem Benutzung eines Reiseführers, das heißt zum Besuch Venedigs einladen – dringend, weil es gerade noch nicht zu spät ist. (Der Fremdenverkehrsdirektor wird sich über meine tatkräftige Hilfe freuen. Er hat inzwischen trotz des Scheiterns aller bisherigen Pläne zur Rettung Venedigs gut geschlafen und fährt jetzt – mit dem fundamenteerschütternden Dienstmotorboot – in das Rathaus am Canal Grande, um einer Konferenz über EG-Initiativen zur Ökologie beizuwohnen.) Dieses Büchlein erhebt also keinerlei Anspruch auf Vollständigkeit, bewegt sich vielmehr, wie ja wohl schon zu bemerken war, auf der Ebene der Plauderei, und in diesem Ton sollen jetzt ein paar Kirchen aufgezählt werden, die ich kenne. Die Freude des Lesers, andere, vielleicht versteckte Perlen zu entdecken, die ich hier übergehe oder gar übersehe, werde ich nicht trüben, im Gegenteil, sie sollte mich wiederum freuen.

Die Hauptkirche und seit 1807 Patriarchenbasilika S. Marco wurde schon ausführlich erwähnt. Zwei Äußerungen will ich nachtragen: Goethe hielt sich auf seiner Reise nach Rom 1786 vom 28. September bis 14. Oktober in Venedig auf, besuchte auch den Lido, Chioggia usw. und wohnte in einem heute nicht mehr vorhandenen Hotel »Königin von England« nahe dem Marcus-Platz. Vom Marcus-Dom schreibt er den nur auf den ersten Blick seltsamen Satz: »Ich pflege mir die Fassade zum Scherz als einen kolossalen Taschenkrebs zu denken.« Bei näherem Hinschauen wird einem das freche Goethe-Wort zunehmend einleuchtender: das Gedrungene, Urtümliche des Baues, die abgeschliffenen dunklen Formen, wie er daliegt mit den seitlichen Greifern und dem großen, geduckten Kopf in der Mitte, erinnert er vielleicht wirklich an das von Goethe genannte Tier. Eckart Peterich, der diesen Goethe-Satz – wenngleich naserümpfend – zitiert, verweist andererseits auf das Bräunlich-Höhlenhafte der Basilika. Eine Höhle, in der ein Taschenkrebs wohnt?

Die beiden anderen großen Kirchen Venedigs, auch anders geartet und voneinander verschieden, sind die Dome der Prediger-Orden: die Franziskanerkirche *S. Maria Gloriosa dei Frari,* von den Venezianern nur »la Frari« genannt, und die Dominikanerkirche *SS. Giovanni e Paolo,* die im Volksmund *S. Zanipolo* heißt. Die *Frari* ist eine dreischiffige, gewölbte gotische Säulenkathedrale von weiten Dimensionen, dennoch eher dunkel, fast düster, außen – wie alle Bettelordenskirchen – schlicht gehalten. Nach einer Bauzeit von über hundert Jahren und einer nicht unkomplizierten Baugeschichte wurde sie 1467 vollendet, als ihr Stil eigentlich schon als veraltet galt. Die Baumeister sind unbekannt. Die Kirche enthält zahlreiche Grabdenkmäler für Dogen und Admirale der Republik, auch das – eher geschmacklich verirrte – über dem angeblichen Grab Tizians, in der dritten Chorkapelle links die schlichte Grabplatte über dem Grab Claudio Monteverdis. Die weltbewegende Sensation der Kirche ist aber Tizians »Assunta« im Presbyterium, die »Himmelfahrt Mariae«, das religiöse Hauptwerk des Meisters, 1518 hier aufgestellt. 1817 bis 1921 stand es in der Accademia. Daß Richard Wagner beim Anblick dieses Bildes die Idee zu »Tristan und Isolde« gehabt hat, ist Legende.

Die etwas früher begonnene, aber ungefähr gleichzeitig (1458) vollendete *Zanipolo* ist ebenfalls nach dem Bettel- und Predigerorden-Schema erbaut, ebenfalls dreischiffig, wenngleich äußerlich etwas aufwendiger und, wenn der Ausdruck erlaubt ist, von leichterer, etwas lichterer Gotik. Auch hier finden sich zahllose Grabdenkmäler, allein für nicht weniger als 27 Dogen. In den auf die Vollendung der Kirche folgenden Jahrhunderten wurde an der Innenausstattung weitergearbeitet, bis ins XVIII. Jahrhundert hinein. Dem verdanken wir das Deckengemälde in der Dominicus-Kapelle (die vorderste Seitenkapelle rechts) »Glorie des hl. Dominicus«, 1727 von Giovanni Battista Piazzetta, dem Lehrer Tiepolos, geschaffen: ein ebenso zartes wie bewegtes Bild des illusionistischen Stils von hoher Qualität. Ich erlaube mir – unter Vernachlässigung der sensationelleren Kunstwerke, die diese Kirche birgt – gerade darauf hinzuweisen, weil es oft übersehen wird.

Zur Kirche gehört der weite, unregelmäßige *Campo* gleichen Namens. Auf ihm steht der tausendmal abgebildete *Colleoni*. Bartolomeo Colleoni, aus der Nähe von Bergamo stammend, war einer der erfolgreichsten Condottieri der Republik. Er diente ihr seit 1448 und hinterließ ihr bei seinem Tod 1475 einen Teil seines großen Vermögens mit der Auflage, daß ihm vor S. Marco ein Reiterdenkmal errichtet werde. Die Signoria brachte es nicht über sich, das reiche Vermächtnis auszuschlagen, hielt aber anderseits den Colleoni nicht für so ehrenwert, daß ihm ein Denkmal an so prominenter Stelle errichtet würde. Das wäre fast einer Umbenennung der Stadt in Colleonopolis gleichgekommen. Wem der Trick einfiel, mit dem die Republik die zwei Hasen gleichzeitig fangen konnte, ist nicht überliefert: sie stellten das Denkmal vor S. Marco auf, aber nicht vor der Basilika von S. Marco, sondern vor der *Scuola di S. Marco*. Colleoni hatte ja in seinem Testament nichts von »Basilica« geschrieben, nur »S. Marco«. So steht also Verocchios Meisterwerk vor der Scuola di S. Marco, eines der bedeutendsten Bildwerke der Renaissance. 1496 wurde es hier aufgestellt. Es ist neben Donatellos Gattamelata-Denkmal in Padua (von dem es beeinflußt ist) das erste freistehende Reitermonument der Neuzeit und eine Übersetzung des antiken Marc-Aurel-Standbildes in Rom in die Formensprache des XV. Jahrhunderts: »... das ganze Bildwerk ist deutlich auf starke Untersicht hin angelegt und besitzt doch ein Höchstmaß an Gleichgewicht der Massen und an Klarheit des Umrisses.« (Hubala, Reclamführer »Venedig«)

Die erwähnte Scuola di S. Marco neben der Kirche ist heute ein Krankenhaus. Bemerkenswert sind an der Fassade die polychromen Marmorintarsien, die illusionistische Hallen vortäuschen sollen. *Scuole* waren keine Schulen, sondern öffentlich geförderte humanitäre Anstalten, Kranken- und Altenpflegestätten, von religiösen Bruderschaften unterhalten. Da sie oft mit Vermächtnissen und Stiftungen bedacht wurden, waren sie reich. Die Scuola Grande di S. Rocco neben der Frari-Kirche ist berühmt wegen des acht große Bilder umfassenden meisterhaften Marienleben-Zyklus Jacopo Tintorettos (1564–88), den – nach Marianne Langewiesche – jeder anschauen sollte, auch wenn er nur kurz in Venedig ist.

Eine der auffallendsten Kirchen Venedigs, und das nicht nur, weil sie an buchstäblich herausragender Stelle am Ende des Canal Grande steht, ist *S. Maria della Salute*. Sie ist die letzte der großen Barockkirchen Venedigs und ohne Zweifel eines der originellsten Bauwerke dieser Zeit. 1630 gelobte der Senat für das Aufhören der Pest eine Marienkirche. Von elf eingereichten Entwürfen wählte sich der Senat den des nur 26jährigen Baldassare Longhena, der dann – von 1631 an – buchstäblich sein ganzes Leben daran baute, nämlich bis zu seinem Tod 1683. Daneben führte er allerdings noch viele andere profane und sakrale Bauten auf (unter anderen eine der Synagogen), wurde der wohl bedeutendste Baumeister des XVII. Jahrhunderts in Venedig, aber die »Salute«, die mit ihren zwei Kuppeln, den großen Schnecken am Dach und der ausladenden Freitreppe etwas von märchenhaftem morgenländischen Traumpalast hat, ist sicher Longhenas Hauptwerk.

Der bedeutendste Baumeister des Veneto im XVI. Jahrhundert, also hundert Jahre vor Longhena, war Andrea Palladio. Seine reinsten, schönsten Schöpfungen stehen aber nicht in Venedig, sondern auf der Terra ferma: die berühmten Villen Palladios an der Brenta, in Masèr und vor allem in Vicenza. Venedig verdankt ihm aber zwei bedeutende Kirchen: die herbe, klassisch schöne *Redentore* am nördlichen Ufer der Giudecca, 1577/92 erbaut, ein reifes Spätwerk des Meisters, und *S. Giorgo Maggiore,* auf der Insel gegenüber S. Marco und dem Dogenpalast. Sie ergänzt, wenn man so sagen darf, diese Bauten über das Wasser hin zu einem weiten Ensemble, das wohl einmalig auf der Welt ist. Die Kirche, deren Formen innen und außen »von edler Einfalt, stiller Größe« sind und Michelangelos antikisches Stilgefühl bis zum Extrem mit konzessionslosem Geschmack fortführt, wurde 1566 begonnen und erst nach Palladios Tod 1610 geweiht. Der Campanile kann bestiegen werden (es gibt auch einen Lift), und von ihm aus bietet sich ein fast noch schöneres Bild als vom Campanile drüben, denn es entrollt sich die ganze Breite des Giudecca-Kanals, der Zattere, des Marcus-Platzes und der Riva, und der Blick geht weit hinaus bis über

den Lido. Freilich sieht man auch den Schmutz, der ganz drüben von Mestre aufsteigt (und vor allem wieder herunterfällt), und man sieht, welche Wassergewalten wirksam werden, wenn ein großes Schiff von Marghera durch den Canale della Giudecca gezogen wird. Der Fremdenverkehrsdirektor sollte einmal, statt ohne Zweifel schweißtreibende und hochbedeutende Arbeitsessen zu absolvieren, hier herauffahren. Viele Schiffe brauchen nicht mehr durchzustampfen, dann wird er arbeitslos, weil es keinen Fremdenverkehr mehr gibt in Venedig, weil es nämlich dann kein Venedig mehr geben wird. Aber er fährt nicht hier herauf ...
Viele andere Kirchen können hier nur dem Namen nach erwähnt werden: S. Zaccaria, S. Francesco della Vigna (deren schiefer Turm von S. Giorgio aus schön zu sehen ist), die Gesuati, Madonna dell'Orto, S. Maria dei Miracoli mit den eigenartigen Rosetten an der Fassade, S. Giorgio dei Greci mit dem idyllischen kleinen Vorhof und der nahebei liegenden »Scuola S. Giorgio degli Schiavoni«, in der Vittore Carpaccios großartiger Bilderzyklus zu sehen ist, die breit hingelagerte S. Maria Formosa, eine Kirche, die, was in Venedig auffällt, nicht am Wasser liegt ... Nur eine, kaum besuchte Kirche will ich ausdrücklich erwähnen: S. Alvise. Sie liegt weitab hinter dem Ghetto am Nordrand des Sestiere Cannaregio. Ich erwähne sie nicht wegen zweier Frühwerke Tiepolos, die hier zu finden und natürlich auch sehenswert sind, sondern wegen der eigenartigen und eigenwilligen Deckenbemalung, die eine manieristische Scheinarchitektur darstellt (von den im übrigen kaum bekannten Malern Pietro Antorio und Pietro Ricchi, ca. 1680).
Die Museen, auch um derentwillen der Kunstfreund Venedig besuchen wird, sind nicht ganz so zahlreich wie die Kirchen, dennoch sollen und können hier nur die wichtigsten erwähnt

werden. Nicht eigentlich ein Museum, aber wie ein solches zu besuchen ist der Dogenpalast. Im Zusammenhang mit der Geschichte Venedigs wurde er mehrfach erwähnt, sein Bild – der zartrosa-weiß gemusterte Oberbau über den Spitzen der Säulenarchitektur des Untergeschosses – kennt jeder. Die Baugeschichte ist äußerst kompliziert, vor allem auch, weil er mehrmals abbrannte und restaurierend wieder aufgebaut wurde. Nachdem – historisch nicht voll bewiesen – schon im IX. Jahrhundert hier ein Dogenkastell gestanden ist, wurde im XII. Jahrhundert mit dem Bau des Palastes und der »Palastkapelle« (d.i. die Marcus-Kirche) begonnen. In fast jedem Jahrhundert, besonders im XV., XVI. und XVII., wurden Anbauten, Dekorationen und neue Ausstattungen vorgenommen, so daß der Palast heute auch ein Bilderbuch der Stilgeschichte venezianischer Profanbauten ist. Der Palast war nicht nur Residenz des Dogen, sondern auch Sitz aller Staatsorgane, der Consigli, der Signoria, der Zensur- und Polizeibehörden und der Gerichte. Die Säle, die zum Teil mit ganz bedeutenden Gemälden und Skulpturen geschmückt sind, können alle besichtigt werden. Von den vielen Bildern sollen hier nur die Wandgemälde in der Sala dell'Anticollegio erwähnt werden, nämlich Tintorettos Zyklus von vier Bildern, in denen er anhand antiker Mythen die venetianischen Staatstugenden verherrlicht, und Veroneses Meisterwerk: »Der Raub der Europa«. Weniger erfrischend sind die Kerker, die sog. »Bleikammern«, die ebenfalls im Zug der Führungslinie besichtigt werden können und die man besichtigen sollte, weil diese Nachtseite der Serenissima auch zu ihrem Bilde gehört. Wie einst die Unglücklichen betritt sie der Besucher über die »Seufzerbrücke« und sieht das, was vielen von ihnen das letzte Tageslicht ihres Lebens war. Ein Zeugnis von kulturgeschichtlich hohem Rang und ebensolcher literarischer Bedeutung ist die Schilderung seiner Flucht aus den

Bleikammern von Giacomo Casanova in seinen Memoiren, deren erster Band als Venedig-Lektüre eindringlich empfohlen sei.

Das bedeutendste der eigentlichen Museen in Venedig ist die in der ehemaligen Scuola della Carità untergebrachte *Galleria dell'Accademia*. Sie geht auf die 1750 gegründete Malerakademie zurück, deren erster Präsident niemand geringerer als Tiepolo war. Neben der Lehrtätigkeit sammelte die Akademie auch Bilder ihrer Mitglieder, und daraus entstand eines der wichtigsten europäischen Museen, ohne Kenntnis von dessen Beständen kein richtiges Bild der italienischen und namentlich der venezianischen Malerei entstehen kann. Es ist unmöglich, auch nur in Kürze alle bedeutenden Bilder, die hier hängen, zu erwähnen. Die Ausstellung beginnt mit den Werken früherer Künstler, etwa Paolo und Lorenzo Veneziano, und erreicht u.a. mit den Meisterwerken der Malerfamilie Bellini den Höhepunkt der Renaissancemalerei, wobei das so rätselhafte wie reizvolle sog. »Gewitter« Giorgones, eine immer noch unerklärte Allegorie, ausdrücklich hervorgehoben werden soll. Auch Paris Bordone, Tizian, Tintoretto sind vertreten, Tiepolo und viele andere Barockmaler, u.a. die liebenswürdige Malerin Rosalba Carriera, und selbstverständlich vorzügliche Vedutisten. Für die insgesamt 24 größeren und kleineren Säle sollte man sich mindestens einen halben Tag Zeit nehmen.

Im *Museo Civico Correr* in den neuen Procuratien am Marcus-Platz ist eine Sammlung von Dokumenten und Denkwürdigkeiten zur Stadt- und Staatsgeschichte Venedigs untergebracht, das gleiche Gebäude beherbergt das Archäologische Museum. Auch die Galleria Franchetti birgt einige große Meisterwerke (Tizian, Mantegna, van Dyck), und ihr Besuch hat den Vorteil, daß man gleichzeitig die *Ca d'Oro* betritt, einen der schönsten Palazzi am Canal Grande. In der *Ca' Rezzonico*, einem der wichtigsten Paläste des Spätbarock, ist das »Museo del Settecento Veneziano« untergebracht, und man kann dabei die prachtvollen Deckenfresken Tiepolos im »Hochzeitssaal« besichtigen. Freunde moderner Kunst seien auf die Sammlung Peggy Guggenheim hingewiesen, die in dem unvollendeten Palazzo Venier dei Leoni untergebracht ist, wo die berühmte Mäzenin von 1949 bis 1979 lebte. Die wertvollsten Objekte hier dürften einige vorzügliche Arbeiten von Max Ernst sein.

In der Nähe des Bahnhofs, neben der Kirche S. *Geremia,* liegt der zwischen 1720 und 1750 erbaute *Palazzo Labia.* Es ist kein Museum, aber in ihm – im großen Saal des ersten Stockes – finden sich die für meinen Begriff schönsten Bilder Tiepolos: zwei monumentale Wandfresken mit Nebenbildern, die Geschichte Marc Antons und Cleopatras darstellend. Die Werke wurden vor nicht langer Zeit renoviert, und zwar auf Initiative der RAI (des italienischen Staatsrundfunks), die hier im Palazzo Labia ihren venezianischen Sitz hat. Da in fast keinem Reiseführer darauf hingewiesen wird, erlaube ich mir dies hier anzuführen: die Fresken sind zu besichtigen, man muß sich allerdings unter der Telefonnummer 78 11 11 anmelden und bekommt eine Zeit gesagt, zu der man kommen kann. (Die RAI wartet in der Regel, bis eine Gruppe beisammen ist. Eine Führung ist nicht inbegriffen. Der Zutritt ist kostenlos.)

In unregelmäßigen Abständen finden selbstverständlich auch in Venedig große Sonderausstellungen statt. Die berühmtesten sind die der *Fondazione Giorgio Cini* im Kloster S. Giorgio Maggiore auf der gleichnamigen Insel und die im *Palazzo Grassi* am Canal Grande. Die dortigen Ausstellungen vor allem haben Weltruhm, man erinnert sich vielleicht an die »Phönizier« oder die »Kelten«. Diese Ausstellungen sind meistens – namentlich gegen Ende zu, nachdem sich das Ereignis ausreichend herumgesprochen hat – ziemlich überlaufen. Die Carabinieri richten eigene Laufgitter für diejenigen ein, die hier stundenlang anstehen müssen, um zum Kassenschalter vorzudringen. Es zeigt sich aber immer wieder, daß die Gezeiten des Besucheransturms unberechenbar sind, und oft trifft man eine unerwartete Ebbe an, die es einem erlaubt, selbst den Palazzo Grassi wie ein Mensch zu betreten.

XII

Wer meinem Rat folgt und die Kirche S. Alvise besichtigt, befindet sich in der Nähe eines der malerischsten, aber auch bedrückendsten Teile Venedigs: dem Ghetto. Seit wann es Juden gegeben hat, die ständig in dieser Stadt wohnten, ist unklar. Ob der Name der Insel Giudecca auf die Juden (italienisch giudei) zurückgeht, ist zweifelhaft. Sicher ist nur, daß 1516 durch Verfügung der Signoria den Juden ein bestimmtes Gebiet im Sestiere Cannaregio als ausschließliches, zwangsweises Wohnviertel zugewiesen wurde. Hier befanden sich seit altersher Gießereien (ital. gettare = gießen, venezianisch ghettare), und zwar die *alten* und die *neuen* Gießereien, beide aber damals aus Unrentabilität aufgelassen. Die Juden mußten das *Ghetto Nuovo* beziehen. Als dessen Bevölkerung anwuchs, bekamen sie dann auch noch das *Ghetto Vecchio* überlassen, so daß also das »alte« Ghetto neuer ist als das »neue«. Da im Ghetto der Platz noch enger war als im übrigen Venedig, waren die Juden gezwungen, waghalsigste Hochhauskonstruktionen zu errichten. Der Name »Ghetto« (den man heute dummerweise oft ohne »h« geschrieben liest, als ob es »Dschetto« ausgesprochen würde) verbreitete sich von hier als Begriff für alle ähnlichen Zwangsquartiere auf der ganzen Welt.

Das Ghetto, ein stilles, düsteres Areal, bietet heute noch den Anblick wie in alten Zeiten, und man meint, jeden Augenblick den gekrümmten Shylock aus einer der Türen heraustreten zu sehen (der freilich nicht historisch, sondern eine Phantasiegestalt Shakespeares ist). Fünf Synagogen (»Scuole«) liegen auf dem Gebiet des Ghettos, von denen eine für die heute nur noch kleine jüdische Gemeinde rituell genutzt wird. Die größte ist die Synagoge nach »deutschem Ritus« (1526), die schönste die »Spanische«, 1635 von Longhena entworfen. Auf dem Campo Ghetto Nuovo befindet sich ein kleines jüdisches Museum. Der Besuch schließt auch den der Synagogen ein.

Die Geschichte der Juden Venedigs ist, wie nicht anders zu erwarten, wechsel- und leidvoll. Auf Zeiten relativer Toleranz folgten solche bösartiger Schikanen. Dennoch war die Lage der Juden Venedigs relativ günstig, gemessen an der Situation anderwärts. Freilich mußten sich die Juden die günstigen Bedingungen mit hartem Geld erkaufen, und die christliche Signoria preßte, namentlich zu Kriegszeiten natürlich, wenn wieder einmal Flotten ausgerüstet werden mußten, die jüdische Gemeinde nach Kräften aus. Eine lesenswerte Darstellung der Geschichte der Juden in Venedig ist auch auf deutsch erschienen: Riccardo Calimani »Die Kaufleute von Venedig« (bei dtv).

XIII

Das Büchlein geht seinem Ende zu, und es war noch kaum von einem ganz wichtigen Aspekt Venedigs die Rede: von den Palästen, neben Gondeln und Kirchen, Rialto und S. Marco auch eins der Synonyme für Venedig. »Ca'«, venezianisch für »Casa«, also schlicht »Haus« heißen aristokratisch-bescheiden die Palazzi. Eine Fahrt entweder mit der Gondel (es wird gebeten, um nicht die Fundamente mit jeder Fahrt noch mehr zu erschüttern, *nicht* mit dem Motorboot-Taxi) oder – genausogut, wenn man keine verkehrsreiche Zeit wählt – mit dem Vaporetto (Linie »I«) möglichst einmal herauf, einmal herunter gibt den schönsten Überblick über die äußeren Bauformen der Palazzi. Der Urtyp entstand als Wohn- und gleichzeitig Geschäftshaus um einen vom Wasser her zugänglichen zentralen Stapel- und Lagerraum, um den sich – mit der Zeit zunehmend luxuriösere – Wohn- und Büroräume ankristallisierten. Im Lauf der Jahrhunderte verfeinerte sich das Erscheinungsbild, paßte sich den wechselnden Baustilen an. In späterer Zeit dominierte dann – von der Seite verräterisch sichtbar – die Schaufassade.
In fast allen Kunstführern ist eine meist zweispaltige Auflistung der Sehenswürdigkeiten am Canal Grande gegeben. Wer besonders gründlich sein will, dem empfiehlt sich das so ausgezeichnet informative wie reizvoll gezeichnete Büchlein von Fritz und Maria Gebhardt »Venedig Canal Grande« (bei Verlag Kuckuck & Straps, München). Man wird bei so einer begleiten-

den Fahrt alle Typen der Palazzi vom vergleichsweise schlichten gotischen »Haus« (etwa: Ca'Priuli) über den strengen Renaissancepalast (etwa: Corner della Ca'Grande) bis zum prachtvollen Barockbau (etwa: Ca'Pesaro) finden. Die Prüfung als Venedig-Kenner dritter Ordnung hat bestanden, wer ohne Buch zwölf Palazzi erkennt und ohne Zögern benennen kann. Über die Prüfungen für die zweite oder gar erste Ordnung gebe ich erst in späteren Auflagen Auskunft.

XIV

Ein weiteres (scheinbares) Synonym für Venedig wurde bisher unerwähnt gelassen: der Carneval. An sich ist der Carneval – selbst der mit »C« geschriebene – keine ausschließlich venezianische Spezialität, aber seit alter Zeit wurde er in Rom und in Venedig besonders prächtig und aufwendig gefeiert, in Venedig deswegen besonders reizvoll, weil ja auch und besonders im Carneval das Wasser und die Gondeln eine Rolle spielten. Woher das Wort und die einzelnen Bräuche kommen, weiß niemand genau. Sicher ist nur, daß die Ausgelassenheit eine reziproke Auswirkung (und oft Parodie) des kirchlichen Jahreskalenders ist: der Carneval findet in den zwei Wochen vor dem Aschermittwoch statt, an dem die – heute von keinem Menschen mehr eingehaltene – Fastenzeit beginnt.

Der venezianische Carneval des Barock und Rokoko ist in tausend Bildern und Liedern, in Gedichten und Novellen, in Opern, Operetten, in mehr oder minder ernsthaften historischen Dokumentationen dargestellt und besungen worden. (»Ich selber excludier' mich nicht.«) Die Verbindung von Maskenfreiheit und Liebe, Mord und Melancholie, dem über die Lagune wehenden Gitarrenklang, den bösen Sbirren, Scherz und Untergang, der schillernde Flitter, das gleißende Licht der sterbenden Serenissima, das alles hat – und mit Recht – immer wieder die Phantasie der Künstler gereizt. Vielleicht waren die Sternstunden des alten Carneval tatsächlich so, wie man es sich in der Sehnsucht nach Schönem und Geheimnisvollem ausmalt. Immer und überall war es sicher nicht so, und wohl schon in alter Zeit war der Carneval wahrscheinlich auch und vor allem ein Gerangel und Gerammel. Napoleon, humorlos wie alle Diktatoren, ließ 1797 den Carneval abschaffen. Das wäre wohl nicht befolgt worden, wenn er sich nicht schon festgelaufen gehabt hätte. Fast zweihundert Jahre später – 1979 – versuchte eine Gruppe von venezianischen Künstlern und ihren Freunden, den Carneval wiederzuerwecken. Es gelang. Die weiße (oder lederne schwarze) Halbmaske mit der vorgestülpten Oberlippe, die »Bauta«, der »Domino« und der »Sior Maschera«, der schwarze Umhang, aber auch farbenprächtige Phantasiekostüme belebten tagelang den Marcus-Platz. Die Carnevalfeste der ersten Jahre waren zauberhaft, aber dann kam es, wie es kommen mußte: der Carneval entartete, wurde commerzialisiert, und heute findet man nur noch ein lärmiges Gedränge, wenngleich immer noch einzelne Unentwegte versuchen, in phantasievollen Kostümen sich den Weg durch die Masse der Videokameraträger zu bahnen. Selbstverständlich schnellen zum Carneval alle Preise in schwindelnde Höhen, die Hotels sind bis aufs letzte Notbett ausgebucht. Um Venedig-Kenner zweiter Ordnung zu werden – so viel sei verraten –, braucht man nicht jedes Jahr zum Carneval zu fahren.

Auch die sog. *Regata Storica* (am ersten Sonntag im September) ist kein eigentliches Fest mehr, sondern nur noch die Darstellung eines Festes. Daß der Begriff *Regatta* aus dem venezianischen Dialekt kommt, vergegenwärtigt man sich kaum noch. Wie sich der Begriff »Ghetto« losgelöst hat, so auch »Regatta«. Ursprünglich bezeichnete dies nur das Wettrudern der Gondolieri durch den Canal Grande und andere Kanäle. Zum Jux übrigens wurden – über den Geschmack läßt sich nicht streiten – damals auch Frauenregatten veranstaltet. Die heutige Regata Storica ist ein Schau-Wettrennen in historischen Kostümen mit allerlei historisierendem Beiwerk; selbst ein Nachbau des legendären Bucintoro, des Staatsschiffes der Dogen, wird aufgeboten.

Ich meine, daß man das alles in Venedig gar nicht braucht. Nicht nur, daß Venedig gerade in der stillen Zeit (etwa nach dem Abklingen des Rummels nach den Allerheiligen Feiertagen bis Weihnachten) besonders schön ist, auch in der rauchigen Zartheit seiner Kälte. Venedig ist für sich genommen *ein Fest*, so daß es künstlicher Aufmunterungen gar nicht bedarf.

Ernster zu nehmen sind allerdings zwei Feste: die *Biennale d'Arte*, die in jedem geradzahligen Jahr von Juni bis Oktober auf dem eigenen Biennale-Gelände stattfindet und eine der wichtigsten Ausstellungen moderner Kunst ist. Die *Film-Biennale*, die trotz des Namens jedes Jahr abgehalten wird, schillert dagegen schon leicht ins Schicke hinüber.

XV

Eine Einladung nach Venedig wäre nicht vollständig, wenn in ihr nicht eine Einladung zur Fahrt in die »Vororte« eingeschlossen wäre. Die »Vororte« Venedigs sind naturgemäß Inseln. Wem es etwas gibt, die irdischen Überreste der Geistesgrößen zu besuchen, kann – von den Fondamente Nuove aus – mit dem Vaporetto nach *S. Michele* übersetzen, der Friedhofsinsel, die – als solche – aber nicht so alt ist, wie man glaubt. Der Friedhof wurde erst 1837 hier eingerichtet. Die Gräber Diaghileffs, Strawinskys und Wolf-Ferraris finden sich hier. (Vor 1837 wurden die Toten in Kirchen oder in Kirchhöfen um die Kirchen herum begraben.)

Die gleiche Vaporettolinie führt nach *Murano*, der Glasbläserstadt, die mit ihren Kanälen und einem eigenen Canal Grande ein Venedig im kleinen ist. Über die Glasbläserkunst kann man verschiedener Meinung sein. Jedenfalls ist sie in Venedig uralt. Aus hygienischen Gründen wurde die Glaserzeugung schon früh aus Venedig selber nach Murano verlegt. Die Erzeugnisse sind, sofern man dergleichen mag, sehr schön und kunstvoll, namentlich die vielteiligen Lüster und die Spiegel. Bei Touristen sind die Murano-Glaserzeugnisse, die man selbstverständlich auch in Venedig überall bekommt, sehr beliebt.

Was für *Murano* das Glas, ist für *Burano* die geklöppelte Spitze. Auch diese Kunst ist uralt, und die alten Frauen, die man auch heute noch in Burano sitzen und klöppeln sieht, sind sozusagen echt, wenngleich ihre oft sehr kunstvollen Produkte dafür bestimmt sind, auf Rauchtischen in Bielefelder Fernsehzimmern zu enden. Im übrigen ist auch Burano ein Klein-Venedig; manche Kenner halten es sogar für das reizvollere.

Noch hinter Burano liegt *Torcello*. Die Insel, die im frühen Mittelalter volkreicher und weit bedeutender als etwa Rialto war (der Dom von Torcello wurde 639/41 gegründet), verschilfte und versandete, die Malaria grassierte, die Bevölkerung starb fast aus, die Reste verließen die Insel im XVIII. Jahrhundert. Und heute noch ist die Insel kaum besiedelt. An manchen Tagen, wenn im Herbst leichter Nebel über der goldenen und violetten Lagune liegt, hie und da ein Wasserhuhn auffliegt und der Geruch von Rauch herüberweht, bietet dieser Teil Venedigs ein Bild unglaublich schöner Trauer. Aber auch sonst lohnt der Besuch Torcellos, nicht nur wegen der oben (S. 51) erwähnten Locanda Cipriani, sondern wegen des Domes und der Kirche S. Fosca. Im Dom ist eines der schönsten, klarsten Apsismosaiken zu sehen: eine hoheitsvolle Madonna auf Goldgrund.

Der *Lido*, die eigentliche Vorortsinsel Venedigs, die langgestreckte Landzunge, die die Lagune vom Meer trennt, ist eine ganz andere Welt. Hier stehen an breiten Autostraßen und Alleen die großen Hotels, unter anderem das »Parco Hotel des Bains«, in dem Thomas Manns »Tod in Venedig« spielt.

Von den vielen anderen Inseln, die in der Lagune verstreut liegen, sei zum Schluß noch *San Lazzaro degli Armeni* (nahe dem Lido) erwähnt. Der hl. Lazarus galt als Patron der Pestkranken, und die Signoria verbannte alle Pestkranken auf die makabrerweise dann so benannte, zuvor unbewohnte Insel. Die Gebäude hießen dann: *lazzaretto*, auch ein venezianisches Wort, das in fremden Sprachen ein fester Begriff wurde. 1671 aber erhielt ein armenisch-katholischer Mönch namens Mechitar, der vor den Türken geflohen war, die Erlaubnis, auf der nun wieder unbewohnten Lazarus-Insel ein Kloster zu gründen, das heute noch die nach Benediktiner-Regeln lebende Mechitaristen-Kongregation betreibt. Das Kloster enthält ein Seminar zur Ausbildung armenischer Priester, vor allem aber eine reichhaltige, außerordentlich interessante Bibliothek und eine Druckerei für seltene Sprachen und Schriften. Lord Byron hat sich oft hier aufgehalten und in zeitweiliger Begeisterung für die armenische Kultur versucht, diese Sprache zu erlernen. Das Byron-Zimmer wird noch gezeigt, wie überhaupt die Sehenswürdigkeiten auf einer Führung zu besichtigen sind. Die Besuchszeiten, die an eine spezielle Überfahrt gekoppelt sind, wechseln. Sofern sie der Hotelportier nicht weiß, sind sie – wie überhaupt alle Informationen – beim *Ufficio Communale Turistico* einzuholen: Piazza S. Marco 71 c oder Calle del Ridotto, San Marco 1364 a (d. i. das Assessorato al Turismo), Tel. 5 22 63 56 oder 5 20 99 55.

XVI

Daß Venedig voll von Denkmälern der bildenden Kunst ist, der Architektur und vor allem der Malerei, geht aus allem hervor, was oben in dieser kurzen Plauderei erwähnt wurde. Die Literatur hat, wie schon Peterich mit ganzem Recht bemerkt, in Venedig seltsamerweise nur eine geringe Rolle gespielt. Eigentlich beschränkt sich die Geschichte einer speziellen venezianischen Literatur auf das Theater des XVIII. Jahrhunderts und auch nur auf zwei Namen: Carlo Goldoni und Carlo Graf Gozzi. Die beiden waren nahezu Zeitgenossen (Goldoni lebte von 1707 bis 1793, Gozzi von 1720 bis 1806). Sie waren schärfste Konkurrenten. Gozzi wollte die alte, aus Bergamo stammende und in Venedig heimisch gewordene Commedia dell'arte neu beleben, Goldoni wollte mit den Stilmitteln der – seiner Meinung nach verkommenen – Commedia dell'arte eine neue, literarische Charakterkomödie schaffen. Ohne Zweifel war Goldoni die größere Begabung. Seine besten Werke, wie der »Arlecchino servitore di due padroni«, zählen mit Recht zum unsterblichen Bestand der Weltliteratur. (Nichts damit zu tun hat selbstverständlich die Tatsache, worauf hie und da in diesem Büchlein schon hingewiesen wurde, daß Venedig in allen Literaturen *als Gegenstand* eine große Rolle spielt.)
Dagegen aber ist Venedig auch eine Stadt der Musik. Die frühe Musikgeschichte Venedigs liegt, wie bei allen anderen Städten auch, im dunkeln. Daß die Musik aber eine Staatsrolle gespielt hat, ist spätestens für den Anfang des XV. Jahrhunderts doku-

mentiert, denn damals schrieb Johannes Ciconia, ein gebürtiger Niederländer, eine Huldigungsmusik für den Dogen Michele Steno (1400–1413). Die Renaissance-Musik Venedigs ist mit so bedeutenden Namen wie Adrian Willaert, der »maestro di cappella« an S. Marco war und die Mehrchörigkeit zwar nicht erfand, aber pflegte, mit Ciprian de Rore, Claudio Merulo und Andrea und Giovanni Gabrieli verknüpft. Es ist nicht zuviel gesagt, wenn man behauptet, eine ganz starke Wurzel unserer abendländischen Musik steckt in dieser Mehrchörigkeit von S. Marco. Nicht weniger bedeutend für die künftige Entwicklung unserer Musik war die Oper. Diese hybride wie reizvolle, krisenanfällige wie fruchtbare Musikform entstand zwar Ende des XV. Jahrhunderts in Florenz, Venedig bemächtigte sich ihrer aber sozusagen unverzüglich. Der entscheidende Schritt dabei war, daß die Oper, anderswo noch exklusives höfisches Vergnügen, in Venedig (gegen Geld) öffentlich zugänglich wurde. Das erste Opernhaus »S. Cassiano« (nach der nahegelegenen Kirche benannt) wurde 1637 eröffnet, im Lauf von 14 Jahren folgten fünf weitere Opernhäuser, die alle gleichzeitig bespielt wurden. Die stilbildende Wirkung, die weit über die ganze europäische Musik ausstrahlte, verdankte die venezianische Oper Claudio Monteverdi, der die letzten Jahrzehnte seines Lebens in Venedig verbrachte. Unter seinen Nachfolgern – es seien nur Cavalli und Cesti genannt – verfestigten sich die Formen der Oper, die Arie entstand, das Orchester erhielt tragende Funktionen. Obwohl im XVIII. Jahrhundert Neapel als konkurrierende Opernstadt hervortrat, blieb die Bedeutung der venezianischen Oper ungebrochen: Porpora, Sarti, Hasse und Jommelli wirkten an Opernhäusern. Daneben erstand mit dem Genie Antonio Vivaldis ein Meister der reinen Instrumentalmusik, der in seinem Genre neben J.S. Bach genannt werden muß. Vivaldi stand nicht allein: Tommaso Albinoni und Benedetto Marcello schrieben Konzerte und Kammermusik von bleibendem Wert.

Mit dem Untergang der Republik endete auch die eigentliche venezianische Musikgeschichte. Das Teatro La Fenice allerdings, sozusagen gerade noch rechtzeitig (1792) gegründet, überdauerte und ist bis heute eins der führenden Opernhäuser der Welt. Viele Komponisten des Belcanto, Donizetti, Bellini, Rossini, Mercadante und Verdi, schrieben für La Fenice. Von Rossinis »Tancredi« (1813) über Verdis »Rigoletto« (1851) und »Traviata« (1853) bis Mascagnis »Le Maschere« (1901) wurden zahlreiche Opern im Fenice uraufgeführt. Noch Strawinsky wünschte 1951 die Uraufführung seines »The Rake's Progress« im Fenice (wenngleich mit Kräften der Scala). Nicht vergessen sei, daß einer der liebenswürdigsten Meister des XX. Jahrhunderts, der Deutsch-Italiener Ermanno Wolf-Ferrari, seine italienische Heimat in Venedig sah: er wurde 1876 in Venedig geboren und starb hier – nach langen Jahren in seiner deutschen Heimat München – im Jahr 1947.

Auch als Gegenstand und Schauplatz von Opernhandlungen ist Venedig beliebt. Der eben erwähnte Wolf-Ferrari hat mit seinem »Il campiello« dem venezianischen Volksgeist gehuldigt, und diejenigen seiner Werke, die überlebt haben, spielen in Venedig: »Die neugierigen Frauen« und »Die vier Grobiane«, die im übrigen auf Stücken Goldonis beruhen. Außerdem spielt Benjamin Brittens »Tod in Venedig« hier, Donizettis »Lucrezia Borgia« und »Marino Falier«, Rossinis »Il Turco in Italia« (nicht Verdis und Rossinis »Othello«, die spielen auf dem – allerdings venezianischen – Cypern), Johann Strauß' »Eine Nacht in Venedig« und viele andere. Klassisch allerdings ist der Giulietta-Akt in Offenbachs »Hoffmanns Erzählungen«, der in Venedig spielt, und die unsterbliche Barcarole, obwohl in Paris geschrieben und in Wien uraufgeführt, ist, zwar vielleicht nicht ganz stilrein, eine so schöne Huldigung an die Serenissima, daß ich mit ihrem Klang diese Einladung nach Venedig schließe.

Epilog

Venedig ist unerschöpflich. Es gibt keine Route für einen Spaziergänger in Venedig, die überall hinführt, wo es etwas Wichtiges zu sehen gibt. Außerdem wird jeder Besucher Venedigs zur richtigen Zeit von irgendeinem Sonnenuntergang, einer schattigen Bar neben einer kleinen Brücke, einem kunsthistorisch zwar uninteressanten, aber malerisch-melancholischen Winkel festgehalten und abgelenkt werden, wo eine Gondel lautlos aus einem Rio biegt und das Wasser gegen die zerfressenen Fundamente eines gotischen Palastes plätschert ... Was habe ich in meiner Einladung zu erzählen vergessen, weil mich irgend etwas abgelenkt hat? Vieles, zum Beispiel den etwas versteckt, nahe S. Stefano gelegenen Palazzo Contarini, der wegen eines so schönen wie eigenwilligen schneckenförmigen Stiegenhauses »del Bovolo« genannt wird. Mein Versehen gestattet mir aber, mit diesem sehr typisch venezianischen Juwel an Architektur meine Einladung in das versinkende, alte, junge, ewige –? – Venedig zu schließen.

Herbert Rosendorfer
Rom

Eine Einladung
KiWi 224

Diese Einladung nach Rom, die aus lauter Abschweifungen zu bestehen scheint, ist ein Intensivkurs besonderer Art. Mit seiner Kennerschaft und Lust, Orte und Zeiten plaudernd miteinander zu verbinden, führt Rosendorfer immer tiefer in das Geheimnis dieser Stadt, die »seit zweitausend Jahren *die Stadt*, die Mutter, die Seele, das Herz der Welt ist.«

Herbert Rosendorfer
Das selbstfahrende Bett

Eine Sternfahrt
KiWi 420
Originalausgabe

Diese bislang unveröffentlichte Erzählung von Herbert Rosendorfer ist ein Kabinettstück des rosendorferschen Humors, seiner meisterhaften Charakterzeichnung und Handlungsführung. Die Geschichte einiger mehr oder minder liebenswerter Figuren sowie der durchschlagenden Wirkung eines Renaissancebettes.

Herbert Rosendorfer
Die Große Umwendung

Neue Briefe in die chinesische Vergangenheit
Roman
Gebunden.

Kao-tai, der liebenswerte Held aus Herbert Rosendorfers weit über eine Million Mal verkauftem Roman »Briefe in die chinesische Vergangenheit«, ist wieder da! Fünfzehn Jahre, nachdem er schon einmal mit seiner Zeitmaschine in München war, kehrt der Mandarin aus dem 10. Jahrhundert auf der Flucht vor Feinden nun ins wiedervereinigte Deutschland zurück, nach Köln, Leipzig und Bayreuth. Die kongeniale Fortsetzung der »Briefe in die chinesische Vergangenheit« vom Meister der grotesken Erzählkunst.

Herbert Rosendorfer
Absterbende Gemütlichkeit

Zwölf Geschichten aus der Mitte der Welt
Gebunden

Herbert Rosendorfers »Zwölf Geschichten aus der Mitte der Welt« sind mit hintersinnigem Humor und grimmiger Hellsichtigkeit geschriebene Burlesken aus dem Kleinbürgertum, angesiedelt in München, der Stadt, in der Rosendorfer fünfzig Jahre gelebt hat.

Herbert Rosendorfer
Ein Liebhaber ungerader Zahlen

Roman
Gebunden

Der weltberühmte Autor eines Kultbuchs verschwindet plötzlich aus der Öffentlichkeit und verstummt. Doch alle Welt wartet weiter auf das gigantische neue Werk, das er einst verheißen hat. Währenddessen zieht sich der Meister unerkannt in die Ewige Stadt zurück und widmet sich seiner zweiten Leidenschaft: dem Sammeln von Uhren. Mit unerschöpflichem hintersinnigem Witz lockt Rosendorfer uns in seine Parodie auf den Mythos der Entstehung von Literatur und den Literaturbetrieb.

Verlag Kiepenheuer & Witsch

Uwe Timm
Vogel, friß die Feige nicht

Römische Aufzeichnungen
KiWi 421

»Vogel, friß die Feige nicht« ist ein sehr persönliches Buch. Rom, die fremde, von Geschichte und Utopien erfüllte Stadt, in der Uwe Timm für längere Zeit lebte, wird trotz aller Widrigkeiten zum magischen Ort und macht ihm die eigene geschichtliche und literarische Position bewußt.

Mary McCarthy
Florenz

Titel der Originalausgabe: *The Stones of Florence*
Deutsch von Ursula Bethke
KiWi 375

Mary McCarthys Buch über Florenz ist ein ungewöhnlicher und spannend zu lesender Reiseführer, der den Leser in die wechselvolle Geschichte der Stadt eintauchen und ihn zugleich auch das heutige Florenz erleben läßt. Mit diesem Buch werden Reisevorbereitungen und Aufenthalt in Florenz zu einem doppelten Vergnügen.